飛田和緒

子どものもの
子どものこと

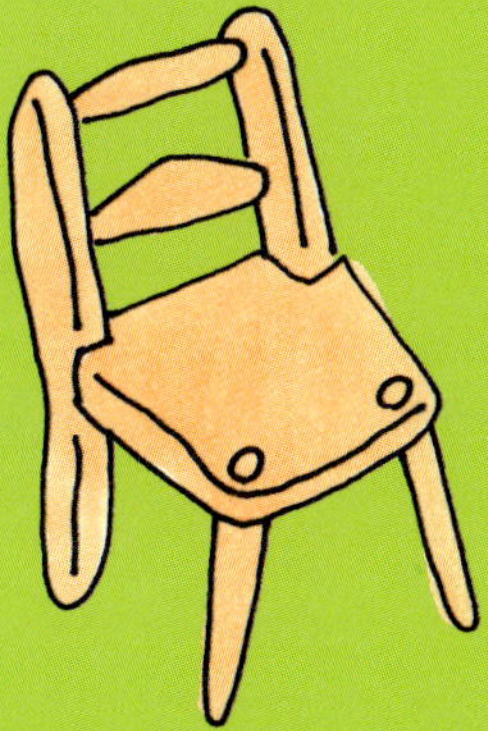

WAVE出版

はじめに

これは育児日記です。

妊娠中から、自分の身体の変化がおもしろくって、スケジュール帳に、無性にカツ丼が食べたい、おなかが出てきた、おなかのなかで赤ちゃんがはじめて動いた、っていう簡単なメモをつけはじめました。出産したら今度はミルクやおしっこ、うんちのことをメモしてくださいね、と看護師さんから渡された出産ノートに一日の流れを書き始め、それがいつしか日記となっていきました。毎日欠かさずというわけではないけれど、ことあるごとにメモしてきたことを思い出してパソコンにむかってみました。

わたしは料理家という肩書きで仕事をしておりますが、この本に関して言いますと、まったく仕事とは関係のない、ひとりの母親として経験したこと、思ったことをつらつらと書きました。

実はこの本の編集を担当してくださった女性が、わたしのあとに続くように妊娠、出産し、それからは仕事と称して会っても話題は子どものことばかり。そんなたわいもない話から、ぜひこのおしゃべりを本にしたいと言ってくださいました。

最初は妊娠中に必要なもの、赤ちゃんのために揃えたものなど、道具の話を中心に本にしようとスタートしましたが、娘が大きくなるにつれ、もののことよりも娘の言動がおもしろくなってきて、加えて感情が芽生えてきてと、当初の予定よりも大幅に長い成長日記になっていました。

それに実は、ものや道具のリストを書き出しはじめましたら、意外にこんなものも、あんなものも便利だった、おすすめよというものが少なかったのです。ものにこだわるよりも、娘を抱いている時間が上回ったのでしょうか。

ですので、本書で紹介しているのは、「これだけあれば足りたわよ」という最低限の子どものもの。また、「子ども専用」のものを増やさずとも、あるもので代用できることが多かったのも事実です。

子育てがこんなにも刺激的でおもしろしいもの、そして子どもにこんなにも振り回されることになるなんて、思ってもみなかったことです。

子どものもの　子どものこと　もくじ

第1章　妊娠中

第2章　1カ月から3カ月

第3章 4カ月から8カ月

第4章 9カ月から1歳半

第5章 2歳から3歳

第6章　3歳から4歳

第7章　4歳から5歳

第8章 5歳から現在まで

写真　浅本竜二
イラスト　風間勇人
ブックデザイン　加藤愛子（オフィスキントン）

第1章

妊娠中

妊娠

5月16日。病院での検査の結果、子宮に赤ちゃんのお部屋ができています、妊娠していますよとのこと。ほっとする。涙が出るほど喜ばしいはずなのに、意外と冷静に受けとめました。子どもを授かったことはとてもうれしかったけれど、先生の言葉を聞いたとたん子どもへの責任感みたいなものがムクムクとわいてきて、母の自覚だけが芽生えた感じ。妊娠したと言われても今までとまったく変わらない身体。おなかに本当にいるのかどうかもわからず、18週、6カ月近くまで、半信半疑で過ごしました。

7カ月目に入り、妊婦らしくおなかがぽっこりと出てきたり、おなかのなかで赤ちゃんがぐるぐると動くようになって、ようやく、「あぁ、わたしの赤ちゃん育ってる」って実感がわいてきました。

たまーにふわーっと貧血のような症状になることがあったり、カツ丼ばかりが食べたくなったり、無性にファーストフードのフライドポテトとコーラが飲みたくなったりといった、つわりらしき症状はあったものの、不安になったり、具合が悪くなるようなつわりはいっさいなく、仕事も今まで以上にしていましたね。

朝から料理撮影をして、ジャンジャン料理を作り、夕方終わってから次の日の準備や買い物をして、という妊娠前と変わらない毎日。週の3分の2は撮影、残りは原稿を書いたりといったデスクワーク。のんびりと過ごす時間はなかったけれど、決して無理をしない、夜はごはんを食べたら仕事をせずに早く寝る、を心がけていました。

妊娠を考えて仕事のスケジュールを組んでいたわけではありませんから、ずいぶんと仕事の予定をいれていました。連載やその年に出版を予定していた本をなんとか臨月までにやりくりしなければと、それだけで頭がいっぱいでした。それがかえってつわりにならずにすんだのではないかと、勝手に思っています。なにしろ母も妹も相当つわりで苦しんだクチ。わたしもそうなるのでは脅かされていたのでした。臨月の頃、ミントのにおいが手放せなくなって、いつもアロマのミント瓶を持ち歩いていたのはつわり？　なのかどうか。

実は妊娠前の30代はなんとなく、身体がもやもやとしていて、時々点滴を受けるほど具合が悪いことが続いていたので、赤ちゃんはわたしに生きるエネルギーをくれました。風邪ひとつひかずに、元気な妊婦生活が送れたのは赤ちゃんのおかげです。

病院と母子手帳

妊娠前に治療を受けていたこともあり、そのまま治療→妊娠→出産とつながりました。なので、特にわたしは病院選びをしていません。友人が何人か同じ病院で産んでいたこともあって、馴染みのある場所であったこと、充実した食事（これはわたしにとって大切なこと!!!）、治療を受けていたときからずっと同じ先生にみていただけること。この3つが、病院を決めた理由です。

あとは母親同士や隣室とのつながりがほとんどないことも、わたしにとっては重要でした。人見知りでもありますし、家族は別としてひとり静かに出産にのぞみたかったのです。なにしろ40歳の高齢出産ですから、設備のある病院でなければ心配という家族のアドバイスもありました。

母子手帳は妊娠したら、かかりつけの先生からいただけるものと思い込んでいました。診察を受けるたびに、「今度母子手帳ね」って先生がおっしゃるので、次来たときにもらえるんだと心待ちにしていました。何回かそのやりとりがあり、わたしは毎回先生はこの前言ったことを忘れているんだと思っていましたら、まぁまぁわたしの勘違い。先生は役所へ行ってもらってきなさいということを言っていたのでした。

特に妊娠しているという証明をもらうわけでもなく、ただ窓口に行けば誰でももらえるものだったのですね。だからか、役所の人は事務的に手帳を渡すだけ。母子手帳をもらう瞬間はちょっとした儀式みたいなものとイメージを膨らませていたものですから、おめでとうの言葉もない、そのやりとりは少しさびしいものでした。

母子手帳ケース
アニエスb.のものをつかっています。出産のときには仕事仲間や友人からもらったお守りがぎっしりと詰まっていましたが、今は保険証、病院のカード、おくすり手帖など、病院にかかわるものはすべてここにしまうようにしています。

母子手帳は出産までの母親のこと、妊婦のあいだにする検査の結果などなどが記され、子どもが生まれてからは子どもの成長が記録され、予防接種を受けたことの記しがつきます。これは絶対になくすことのないよう大切に保管しなければなりません。

子どもが生まれてからは持ち歩くことが多くなりましたから、母子手帳入れを用意しました。

マタニティ・ファッション

18週と2日、おなかが少しだけ出てきたような気がします。

子どもの体長は約25センチ、足のサイズは3センチほどで、子宮のなかでちぢこまって丸まっています。くしゃみをするとおなかが痛い。妊婦の自覚が出てきました。

おなかが出てくると下着が気になり、おなかがすっぽりとおさまる妊婦パンツを買いに出かけました。

見た目には妊婦とはわからないほどなのに、不思議なもので、大きなパンツをはいただけでおなかがしっかりと包まれて固定される感じ。待ってましたとばかりに、一気におなかが大きくなるような開放感がありました。

20週目にマタニティを着はじめました。なんとか手持ちの服で過ごそうと、ストレッチのパンツのボタンをはずしてはいたり、ゴムのスカートをはいたり、Aラインのワンピースを着て過ごしてきましたが、胎動が激しくなり、夜などは地震かと飛び起きたら、自分のおなかが大きく横揺れしていたなんてことがあったり。いよいよ妊婦服の出番となりました。着てみましたら、ラクチンすぎる。身体がゆったりして気持ちがいい。ただサイズが大きいだけじゃなかった。やっぱりうまくできているものですね。

毛糸のパンツ
高齢出産を心配して友人が贈ってくれたもの。大きなおなかを包んでくれて快適でした。

カシミヤレッグウォーマー
妊婦になる前から使っていたもの。秋口から足下はしっかりと温かくしていました。下半身が温まると上半身は意外に薄着で大丈夫だったことを覚えています。

ニットワンピ
ふだん着ていた細身のニットワンピース。素材のやわらかさでおなかが大きくなっても着ることができました。ストンと着られて、おなかが大きくても着替えが楽チンでしたね。

出産の準備

36週に入り、仕事も一段落。そろそろ出産の準備をと思っていたら、まぁ待ってましたとばかりに、ベビーベッドや肌着類、おくるみ、だっこヒモとおんぶヒモ、バウンサー、ゆりかご型ベッド、ガーゼ、ベビーバス、哺乳瓶、おもちゃ、ガードなど次々とおさがりが届きました。

なにせ高齢出産。まわりの友人の出産ラッシュはとうに過ぎていたものですから、いつカズヲは生むのかと、今か今かと待っていてくれたのでした。ありがたい、ありがたい。自分で用意したものはお風呂の温度計と石けん、紙おむつくらい。それも退院してから。どのメーカーのものを買えばよいかわからなかったので、病院で使っていたものと同じものを選びました。

ベビーベッドは特にこだわりなく、安全であればよしと。おふとんも新品同様。なぜかというと、それをくださった方の赤ちゃんは、ひとりでは絶対に寝ない、ずっとママとの添い寝だったので、せっかくセットしたベッドは家主不在のまま、数ヵ月後にたたまれたそうです。ベッドは必ず必要だと思い込んでいたので、これにはびっくり。意外と生まれてから様子をみて用意してもいいもののひとつかもしれません。

肌着とおくるみは山のように積み上がっていました。双子ちゃんのママからと、もうひとり、計3人分のおさがりがやってきたのです。

肌着は何度も洗濯されているものなので、くたっとしていていい感じ。着物のように袷《あわせ》になっていて、裾が長いものが着せやすく、足をバタバタさせてもじゅうぶんにその着物のなかで動けて、でもはだけないところがとてもよかったです。お風呂上がりももたもたすることなく、ちゃちゃっと着せることができました。特に娘は1月の末に生まれたものですから、寒い時季のお風呂や着替えには気をつかいました。

おさがり肌着とおくるみはミルクをゲボッと出しても、へっちゃら。こなれた生地がすっと水分を吸ってくれました。あまりに汚れがひどいときにはぞうきんにして捨てることも。汚れるってことがストレスにならずにすみました。

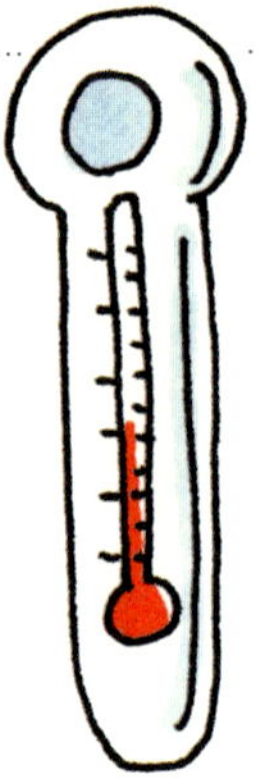

水温計
病院の沐浴指導で水温計が必要なことを知り、あわてて購入。大人が気持ちいい温度よりややぬるめを調整するのはなかなか難しいものでした。

紙おむつ
病院でパンパースを使っていたので、そのまま同じものを買っていました。とくにメーカーにこだわったわけでもなく、使い比べもしませんでした。

ガーゼのバスタオル
沐浴あとのタオルはガーゼのものが吸水がいいと聞きました。最初の１枚はなぜか和装の小物店で購入しました。

出産前に用意したもの いただいたもの

ベビーベッド
友人がゆずってくれたおさがり。出産前に組み立てて、準備をしておきましたら、黒猫のお気に入りの寝床になっていました。

肌着たくさん
肌着は使い捨てにしてもよいほど、たくさんのおさがりをいただきました。

ガーゼのハンカチ
身体や顔を洗うのも、よだれや口のまわりをふくのもガーゼ。赤ちゃんの肌にあてるものはガーゼがよいと先輩ママからのアドバイスあり。

ベビーバス
またまたおさがり。退院して一度だけ、お風呂場において沐浴をさせましたが、思っていたより重労働だったので、次の日から台所のシンクにスポッとはめて使いました。

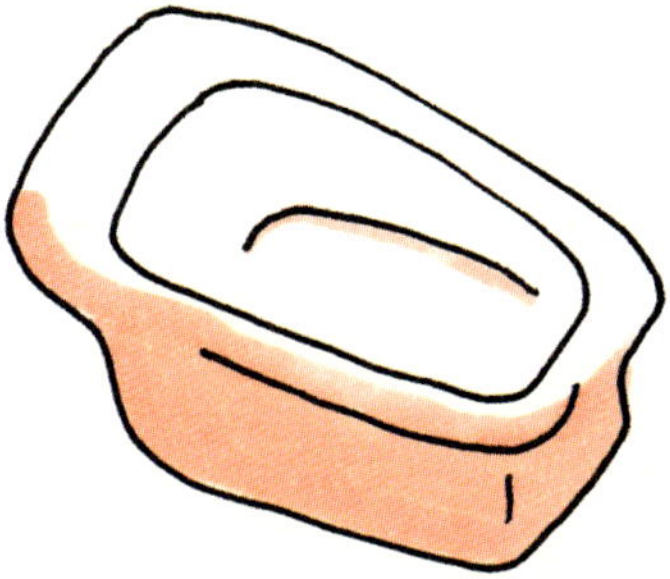

だっこひも
こちらもおさがり。縦抱き、横抱き、おんぶもできるだっこひもでした。1歳を過ぎて、歩くようになっても、災害時にはしょって逃げようと3歳くらいまでは残してあった道具のひとつです。

出産直前

お正月、毎年恒例にしていた夫婦の旅行は今年はなし。夫は数日海外でひとりの時間を過ごし、お父さんになるための心の準備をして帰ってきました。

わたしは簡単なおせちを作り、友人家族と一緒に年越し。出産間近でお正月をひとりで過ごすのはさすがに不安もありましたが、休みなく働いている夫にもお休みをあげたいしと、複雑な気持ちで送り出すことに。

でも案外ひとりのほうがのんびりとできたかもしれません。ずっとゴロゴロとテレビや映画をみたり、本を読んで過ごしました。

思えばこれが見納めだったのです。出産してから数年のあいだは連続ドラマをみることも、映画をみることもままならない日々。本のページはめくるものの、数行読んだらいつのまにか寝ていて1冊読むのにどんなに時間がかかることか。それでも子どもと向き合っているほうが楽しいんですからしょうがありません。

映像や本はまたいつか再開できると思ったら、みたいみたい、読みたい読みたいっていう欲求はありませんでした。けれど、その後のお楽しみと言っては買い置く本やＤＶＤがかなりたまってきており、これをいつ消化できるのかはまだまったく見当がつきません。ふふふ。

予定日１カ月前くらいには入院のときに必要なパジャマ、ガウン、スリッパ、タオル、歯ブラシなどの身支度の道具をバッグにまとめて、いつおしるしがきてもいいように準備はしておきました。

パジャマは２枚、ひとつはおさがりで、おっぱいがすぐに出せるように両脇に工夫がされている、ズボンなしの長いシャツ型のものと、もうひとつは友人からの出産祝いの部屋着を用意。

どちらもそれぞれゆったりとしていたので、出産後体型がもどるまではこのタイプが身体に負担がなくてよかったです。

それから自分の入院支度以外に、お客様セットをかごにそろえておきました。保温できるアルフィのポット、重ねられて耐熱、めったに割れない丈夫なデュラレックスのグラス、お砂糖、紅茶のティーバック。出産したら、お部屋に運んでと夫にたのんでおきました。

入院バッグに入れたもの

バスケット
入院に必要なものを南の島で買った大きなバスケットにいれて準備。真冬だったけれど、大きさがちょうどよかったので。

パジャマ2
前開きの長い寝間着。おっぱいの脇あたりに工夫があって、さっと授乳ができるもの。友人からのおさがり。これもまた便利でした。

パジャマ1
友人からの出産祝い。フリースの上下。パジャマというよりは部屋着なのかな。でもこれなら来客のときも気にならずにすみました。さすが先輩ママ。感謝です。

ガウン
真冬だったので、寒いだろうと薄手のウールのガウンをワイズで購入しましたが、病室は快適な温度でしたし、廊下をうろうろ歩くこともなかったので、ほとんど着ずじまい。男性の来客のときだけ羽織ることもありました。

歯ブラシと洗顔セット
入院中はお化粧はなし。化粧水だけチョイとつけてました。

来客セット
自分も飲みたくなるだろうと、保温のポットと紅茶、砂糖、耐熱のグラスをセットにして、別かごにいれておき、生まれてから夫に病室に運んでもらいました。入院中は毎朝紅茶を作ってポットにいれておきました。

タオル
バスタオルとフェイスタオル。薄手ですぐに乾く麻のものを持っていきました。

スリッパ
スリッパは汚れてもいいものと思い、ホテルや飛行機にあるような、タオル地の使い捨てのものを２つ用意。

出産前日

予定日ギリギリまで仕事をしていました。さすがに撮影の仕事は9カ月目にはいってからはお休みし、書き物や、本の校正、出産後の仕事の打ち合わせ等々が続いていました。仕事に終わりはありません。

車の運転も出産前日まで。運転中に産気づいたらと、助手席には入院セットを積んで走っていました。性格なんでしょうか、歳のせいでしょうか。まわりから聞こえてくることが前向きなことしか耳にはいってこないから、いっさい不安がありません。

出産の痛みも怖いとか、いやだなというよりも、むしろどんなんだろうって興味津々。だって、妊婦でしか味わうことのできないことですもの。みんなそれに耐えて産んできたのだから、わたしにもできるはずだとへんな自信さえありました。

身体の変化は歴然。9カ月に入ったら、急にググっとおなかが前に突き出すように出っ張ってきて、ぐっと重くなりました。スタスタと歩けなくなって、足もやややすり足、大股な感じで歩くようになっていました。どこからみても妊婦。そして気がついたら体毛が薄くなっていました。手足の産毛がなくなり、わきの下はまったく生えてこない。やったぁ。

生活の変化は、夫から離れて床につくようになったことくらいでしょうか。8カ月目のある日の明け方。隣に寝ていた夫の肘がガンっとわたしの腰を打ってきたのです。それはそれは驚きました。おなかが重くて仰向けでなく、夫に背を向けて横向きで寝ていたので助かりました。もう少しずれていたらと思うと冷や汗が出ました。

もちろん夫は寝ぼけてのこと。わたしが飛び起きても、まったく動じずグーグーといびきをかいて寝ているんですから、怒ったところで、どうにもなりません。その日から部屋の端と端に布団を移動。まん中に猫のクロが丸まって寝るようになりました。

とうに予定日が過ぎ、もうそろそろ出てくれーと何度もおなかにむかって叫ぶ。歩くといいよと先輩ママからのアドバイスもあって、お天気のいい日は近所の公園まで歩いていましたが、今日はあいにくの雨。どこを歩こうかと夫と考え、新しくできた羽田のターミナルに行ってみようということになり、最終便近くの時間にちょっと出かけて、空弁やお土産品をながめつつ、ぐるりとひとまわり。これがよかったのか、明け方破水。病院へ入院しました。

3人産んでいる妹が、陣痛がきてからシャワーを浴びて支度をし、ひとりでタクシーに乗って病院へ行ったことや、友人が夜中に破水し、バスタオルを股にはさんで病院へ行ったなんていうことを聞いていたので、わたしもあまりあわてることなく、冷静に病院へ電話し、指示をあおぐことができました。

それよりも、明け方の入院だったので、朝ごはんはどうなるんだろうか、とそればかりを気にしていました。陣痛がやってくる前は余裕でそんなことを考えられたのです。

予定日を過ぎていたので、
新しくできた羽田空港をお散歩。

お散歩がよかったのか、
明け方、布団で破水！

出産

陣痛の苦しみはもうとうに忘れてしまったけれど、相当なもんでしたね。「冷静」「余裕」の文字は吹き飛び、恥ずかしいほど叫んでいたことだけは覚えています。先生がわたしの上に馬乗りになっておなかを押して、娘を絞り出そうとしても出てこず、結局帝王切開に。手術の際にする麻酔がかなり痛いけど我慢してねと言われたけれど、この陣痛の痛みに比べたらなんのその。スーっと麻酔がきいて陣痛から解放されたときには、子どもを産むという大仕事を一瞬忘れかけたくらいです。

おなかがひっぱられるようにして娘が出てきて、目の前に連れてきてもらったときにはひと筋の涙が出ただけ。ほっとしたのと、うれしいんだけれど、妊娠がわかったときと同じような責任感がどんと肩にのしかかったような感じでした。

術後の痛みはその日の夜中。眠れないほど身体全体に痛みが走っていたので、一度だけ鎮痛剤を打ってもらいました。次の日には全身のジンジンとした痛みはありませんでしたが、だるい感じと傷口にやや痛みあり。それでも動いたほうが早く楽になると看護師さんから聞き、ベッドから起きて点滴スタンドに頼りながら、病室をうろうろ。

赤ちゃんも同室にしてもらい、ミルクをあげたり、おむつをかえたり、あやしたり。そうこうしていると友人たちがお祝いにかけつけてくれて、痛いなんて言っていられない状況に。それがよかった。その日の夜には痛みもほぼなくなって、ぐっすり眠ることができました。みんなに感謝。

そしてわたしに合わせるように娘もぐっすり。ちょいちょい泣くと聞いていたのに、あれ生きてる？　って何度も寝息を確かめたくらいです。

出産後1日、2日たってじわじわと幸せがこみあげてきました。隣で寝ている我が子は何度みてもかわいいし、今まで妊娠しているのにしょんぼりしていたおっぱいがパンと張って、助産師さんがちょいとマッサージしたらピューっと白いものが出てきたときには感動しました。自分の身体がこんなふうになるなんてね。

3日目の朝には突然身体が動かなくなり、起き上がることもできないくらい、身体がカチカチに。陣痛のときに身体にずいぶんと力がはいったせいで、全身筋肉痛になったとわかりました。高齢出産だからね、筋肉痛も数日たってからやってきたのです。これには大

高齢出産のせいか、
出産3日目の朝、
ひどい筋肉痛に！
起き上がることも、
歩くこともできないほど、
痛い!!

笑い。全身にぴったりと長い板をはりつけられたような、しばりつけられているような感じでした。首も持ち上がらないので、ごろりとなんとか横になり、足を片方ずつベッドからおろし、とまぁ起きるだけでもなんと時間のかかることか。痛い痛いと言いながら、動いていたら、一日でなんとか痛みは消えていきました。

けれど、ずいぶんたっても手術のせいか、足のむくみだけはとれません。術後つけていたゴムのきついタイツのようなものを脱ぐと、風船のように足の指がパンパンにふくらみました。

足のむくみを解消してくれるソックスとペディキュア用の足指を広げるクッションは、入院中ずっとお世話になりました。

おなかがすいて、たまりません

足のむくみ以外はまったく問題なく、とても快適に過ごすことができましたが、おっぱいが出るようになったら、今まで以上におなかがすいてたまらなくてしかたがありませんでした。

病院の食事はとてもおいしく、ごはんはおひつにはいってくるくらい、けっこうな量でしたが、ぺろりと平らげてもあっというまにおなかが鳴る始末。食べながら、次の食事の献立表をみつめてばかりいましたね。

友人が差し入れてくれた中華おこわは今でも忘れられません。電気ポットのふたをあけて、そこにハンカチをかぶせて、おこわのはいったパックをおいて、タオルをかぶせて待つこと10分。ほんのりとあたたまったおこわのおいしかったことといったら。

たくさん食べてもキュキュっと身体がもどっていくのですから、おっぱいってすごいなーとあらためて思いました。

とにかくお腹が空いていた。
病院で出された食事だけでは足りずに、
焼肉弁当を夫に
差し入れてもらった。

おこわは電気ポットで
むらして食べたら
ほんと〜においしかった!!

足のむくみを
とるものも
重宝した。

入院延長と退院

赤ちゃんもわたしもすこぶる元気で、いつ退院してもいい状態だったのですが、あまりに居心地がよくって3日ほど入院を延長してもらいました。だって、我が子はそばにいるし、ごはんは上げ膳据え膳、病室の掃除もいきとどいていて、ときどき友人や仕事仲間が子どもの顔を見に来てくれる。わたしにとっては夢のような生活です。

娘はたくさんおっぱいとミルクを飲み、たっぷりと寝てくれて寝不足を感じませんでしたし、そばに先生や看護師さんがいるという安心感もありました。この先のことを考えたら、少しでも長くここにいたいと思ったのです。

退院の日、娘は病院で着せてもらうガーゼの肌着のまま、プレゼントにいただいたダウンのおくるみにそのますっぽりと入れ、わたしは入院のときに着てきたマタニティを着て帰りました。ある友人は出産後はすぐにおなかがぺっちゃんこにもどると思っていたらしく、退院のときにふつうの服を着て帰るのをそれはそれは楽しみにしていました。

ダウンのおくるみ
後輩からの出産祝い。なかなか自分で用意するものではないけれど、冬生まれの娘にとってはうれしいプレゼントでした。

退院のときにかぶっていた帽子
ともに友人からの出産祝い。乳飲み子のときにしかかぶれないし、そのときにしか似合わない帽子です。

それが退院くらいの日数ではそんなにおなかはもどっていないんですね。わたしもそのときに知ったんですけれど。だから用意していた巻きスカートの巻きがいまひとつあまくて、かわいいスカートの絵柄が台無しとなり、友人は落ち込んでいました。そんなことがあったのでわたしはもう退院はマタニティでと決めていました。とくにどこへ出かけるわけでもなく、病院から家に帰るだけなんですから。

冬生まれの娘のダウンおくるみは1カ月検診など、4、5カ月くらいまでのあいだ出かけるときに重宝しました。まだ首がすわっていないので、着替えをさせるのもたいへんですし、肌着のままでもすっぽりおさまり、それに包まれていれば、なかになにを着せていようとまったく問題なかったのです。

入院中の出来事

1
娘が寝ているあいだは
何もすることがなく、
花の手入れをせっせとしていました。
頭を使わず、集中できることが
したかったのかもしれません。

2
お祝いにきてくださった
男性編集者の方の行動に、
一同大笑い。
病室にはいってくるなり、
娘の寝ていた
ベッドにかけより、
枕もとにあった
小さなうさぎを抱き上げて
かわいいと。
一瞬何をいっているか
わからず唖然。
娘じゃなく、そっち?!

3
夫の奇行。
娘に英語を聞かせるようにと
英語のＤＶＤを何巻も持ち込む。
えっ、まだ生まれたばかりだけど……。
そんな教育熱心さはどこへいったか、
7歳になった今
ふたりでみているテレビは
英語はおろか、
映画でも教育番組でもなく、
いつもお笑い番組である。

4
病院の食事は和食、
洋食バラエティに富んでいました。
ごはんはおひつにたっぷり。
3時には紅茶とケーキの
ティータイムまでありました。

名前を決める

生まれる前はおなかにひまわりちゃんと呼びかけていました。これはあくまで仮の名と思っていたら夫はそのままひまわりにしようと言い出したり、やっぱりおじいちゃんにつけてもらおうと言ってみたり。

とくに字画などは気にせず、ただひとつ、名前には「子」をつけたいと。自分の名前が音で聞くと男名前で、小さい頃から「子」や「美」のつく名前に憧れていました。

検診で女の子と聞いていたので、生まれる前からいくつか候補がありましたが、生まれて顔をみたらどんどん候補が増えていきました。上京していた父と母も加わり、食卓においてみんなが書き込んでいた名前ノートがいっぱいになるほどに。そうなると夫はまったく決められません。ものすごく責任を感じたようです。出生届けの期日ギリギリとなり、最後はわたしが父がつけてくれた名に決め、それでもグズグズと悩む夫に、「もうこれで書くよ！」と念押しし記入、提出。女のほうがこういうことはスパっと決められるんでしょうか。

命名

花《か》之《の》子《こ》

ノートに書いていたのは…

ガーゼ

ガーゼのおさがりが引き出しいっぱいにつまっていました。そしてお祝いにもガーゼタオルをたくさんいただいたので、ガーゼは使いたい放題。汚れがひどいときにはそのまま捨てたり、ぞうきんに回しました。

子どもがいなければこんなにガーゼを使うことはなかったでしょうね。薄いのに水分をしっかりと吸い、肌へのあたりがやさしい。何度洗ってもやわらかい。バスタオルもガーゼのものが大活躍しました。夏場の肌かけもガーゼに。

タオル地もよいのですが、洗濯機にいれるとかさばりますから、日に何枚も使うのは自然とガーゼになりました。

ガーゼのものが気になるようになり、大人のものも、シーツ、ピロケース、パジャマ、下着として着るタンクトップ、肌かけ、バスローブなどなど、ガーゼのものをみつけるとついつい買ってしまいます。

バスタオル、ハンドタオル、ハンカチまでガーゼ素材のものいろいろ。幼稚園へ持っていくハンカチは大半がお祝いにもらったガーゼのものを使っています。あひるやクローバーなどワンポイントの刺繍入りがかわいいのです。

ベビーバス

いただいたベビーバスが台所のシンクにぴったりと納まったので、我が家では毎日台所でのお風呂タイムとなりました。

シンク右隣の作業台はお着替え、左隣はかけ湯のはいった琺瑯洗い桶をおく場所に。座布団にタオルや着替えを広げておき、ベビーバスから出たら、すぐにとなりで拭いたり、クリームをぬったりして、ささっと着替えて終了。

なんだか大きな白菜や大根を洗っているような気分でもありましたが、わたしとしては慣れた高さでお風呂にいれることができたので、とても楽でした。

そのかわりキッチンは常にきれいにしておき、道具も調味料も収納して、台の上に出さないようにしていましたね。そうしないと、いくら高さがいいからといっても、お風呂の時間にいちいち片付けからはじめるのもたいへんなので、日頃の台所仕事を少し見直しました。

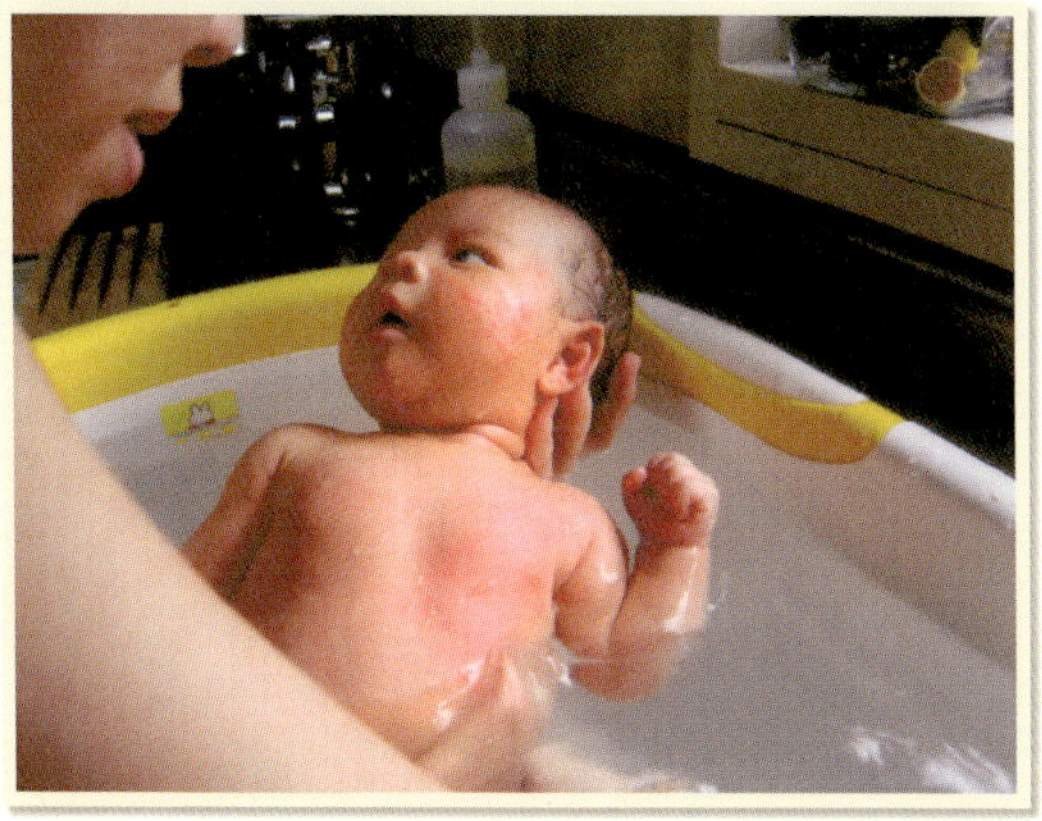

あらら、片付けているつもりが、流しの脇にごはん鍋が写ってますね。ふふふ。慣れてきたらこんなときもありましたっけ。娘はお風呂を嫌がることなく、おとなしくはいってくれたので助かりました。バスタイムはお昼過ぎ。真冬生まれでしたので、あたたかい時間帯にいれていました。

ベビーバスはうちでは1カ月半くらいまで使用。その後は大人と一緒に一番風呂にはいっていました。ただお風呂にいれる係と上がったら拭いて着替えさせる係がいればよいですが、ひとりの場合はベビーバスのほうが面倒がないですね。

でもわが娘は日に日に大きくなり、ベビーバスがあっというまに窮屈になってしまったので、やむなくお風呂に。わたしは娘と一緒にお風呂にはいっても、自分のことは後回しで、先に娘の着替えまでを一気にやり、機嫌がよければ脱衣所に座布団やゆりかご式のベッドをおいて転がしておき、もう一度入り直していました。機嫌が悪いときは、バスローブのまま、ミルクや白湯を飲ませて寝かしつけ……。6カ月くらいまではゆっくりとお風呂にはいった記憶がありません。カラスの行水でした。

それ以降はというと、夏になったこともあって、お風呂の床にやわらかなマットを敷いて、その上にタオルをのせて、娘を寝かせておき、ささっと自分の身体や髪を洗って、一緒に出るようになりました。

お風呂のあと、自分の着替えまでに時間がかかるので、バスローブをひっかけて娘の世話をしていました。お風呂にゆっくりとつかることはまだまだお預け。

6カ月くらいまでの
お風呂の様子
準備
あらかじめ
タオルをしき、
いっしょに入って
湯舟で赤ちゃんを
洗う。
いちど外へ出して、
赤ちゃんの服を
手ばやくきせてねかせる。
大急ぎで
自分だけ入る。
ハア、おしまい。

よく仕事をしている料理写真家の方が出産祝いに撮影してくれた1枚。

第2章

1カ月から3カ月

ハンガー作り

産後、寒い時季であることが幸いし、外へ出かけたいという気持ちはあまりなく、温かい部屋のなかでぬくぬくしていたのはとても幸せな時間でした。

ただ、おっぱい、ミルク、おむつ替え、寝かしつける、沐浴の繰り返しの日々のなかで、何かひとつ娘の世話でなく、集中したいと思う気持ちがありました。

それは本を読むとか、テレビをみるとか、友人とおしゃべりするとか、でなく何か。土いじりとか、鍋みがきとか、無心でできるもの。

わたしが選んだのは娘用のハンガー作り。お祝いの包みのリボンでかわいいものがたくさんあったので、それを針金ハンガーにボンドをつけながらくるくる巻いてみました。巻き終わったらよく乾かして、娘の小さなワンピースなどをかけてはうっとり。

ものすごく短い時間ですけれど、頭のなかをからっぽにできたので、気分転換になりました。

リボンハンガーの作り方

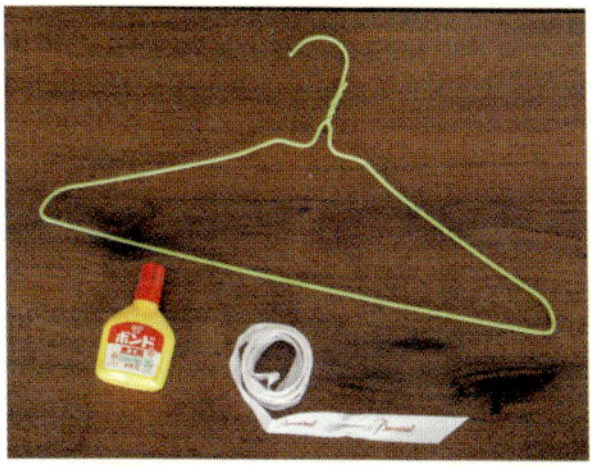

用意するもの
針金ハンガー、木工ボンド、リボン。

1
ハンガーを成型する。

2
子どもの肩幅に合わせて形を整えていく。

3
ボンドをつけながらクルクルリボンを巻いていくだけ。

4
完成

たくさん作りました。

おむつのこと

友人のなかには布おむつを選んだ人も多い。

布おむつ業というのがあって、おむつのレンタルはもちろん汚れたおむつは回収して洗濯されたものを届けてくれるというシステムがあったり。赤ちゃん業界にもいろんな仕事があるもんだと感心しきり。ですが、わたしはまったく迷いなく、紙おむつ。入院中にしていたことを家に帰っても同じように続けるだけで精一杯でしたので、そのままに。双方の利点を考えることもなく、過ぎました。

おむつのゴミ箱だけは悩みました。おむつ専用のゴミ箱は一つひとつをビニールの袋にいれてくれ、口をきっちりとねじってにおわない工夫がされていました。猫のうんちの処理にも便利だよと言ってくれた人もいましたので、一瞬気持ちがゆれたのですが、やはりそれ専用というのがひっかかり、手持ちの琺瑯のふたつきゴミ箱をベランダに出し、おむつはそこへ放り込むことにしました。

おむつ専用ゴミ箱
雑貨屋さんで買ったふたつき、琺瑯のゴミ箱。
おむつはそのつど小さなビニール袋にいれて口をキュッとしぼってゴミ箱に。そうするとにおいはかなり閉じ込めることができました。

おしりふきは市販のものと、家では脱脂綿を小さくカットしてぬるま湯に浸したものを用意。

紙おむつは買い置きするとかさばるものなのでどうしようかと思いましたら、なんと夫の友人から1年分の紙おむつが段ボールで届きまして。仕事部屋の半分がおむつの箱でいっぱいになりました。ここまでかさばればもうなんとでもなれという感じです。

おむつとおしりふき、ゴミ袋はどこでもさっと替えることができるよう、何回分かをかごにセットしておきました。

娘が4カ月めまではマンション暮らしだったので、おむつセットはかごひとつでしたけれど、一軒家に越してからは各階に、セットのかごをおきました。階段の昇り降りがかなりつらかったのです。

車で出かけるときにはこのかごごと車に積んで。ゴミ袋はイギリス帰りの友人からもらった香りつきビニール袋。完全ににおいが消されるものではありませんでしたけれど、石けんの香りがしゃれてます。たくさんほしいと探しましたが、当時は見つからずじまい。

ガーゼ、下着など、汚れ物はいったんバケツに放り込み、一日の終わりに洗濯機を回すというようにしていました。これは布おむつのお母さんから聞いた知恵で、汚れた布おむつはさっと流せる汚れだけをとってから、洗剤をいれた水をはったバケツに放り込んでおくとのこと。私も真似て、汚れの種類別にバケツに放り込んでおきました。この方法だとシミになることも少なかったように思います。

かごセット

オムツ、
おしりふき、
ビニール袋を
カゴにセットしておく。
外出のときは、
カゴごと車へ。

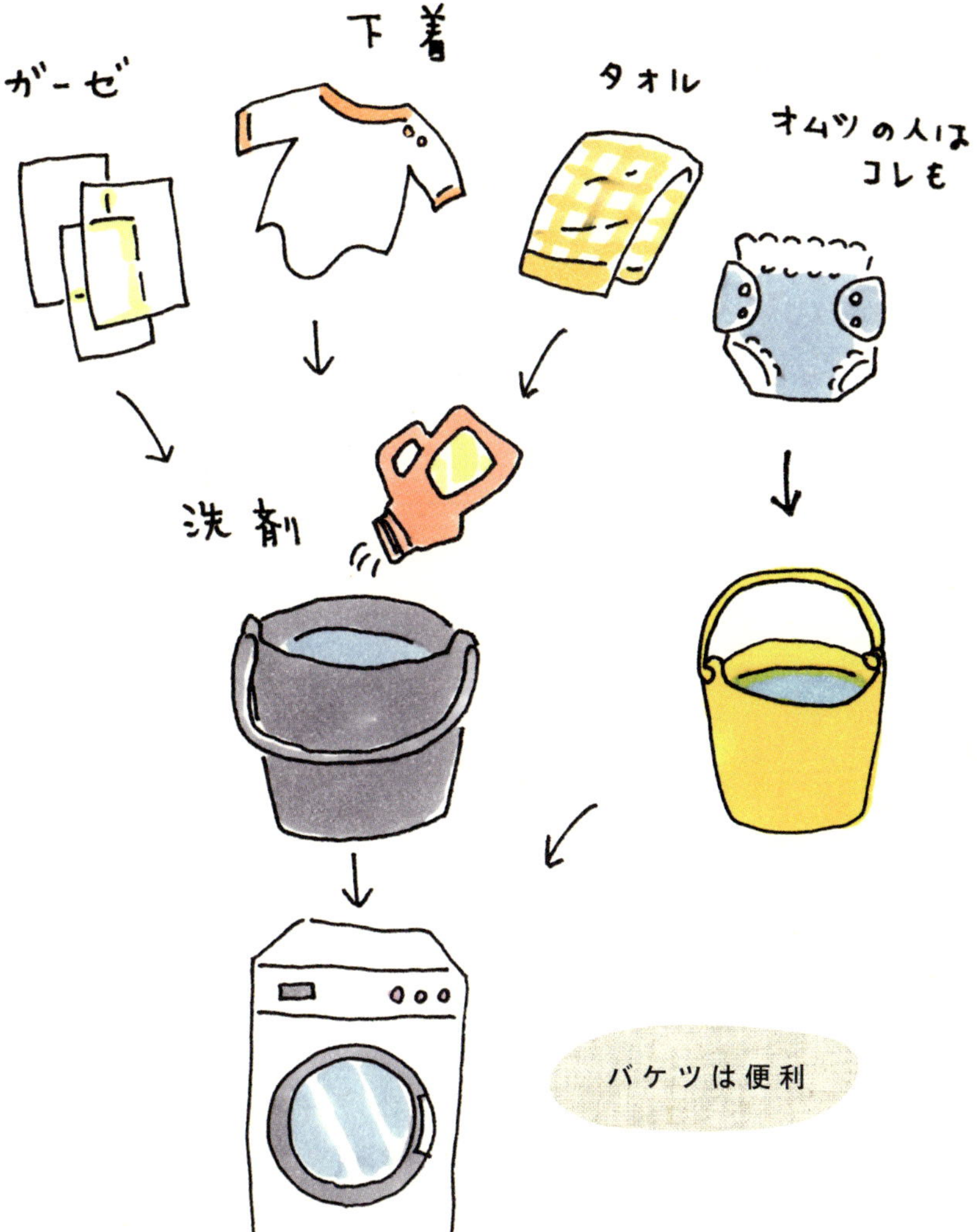

バケツは便利

哺乳瓶、ポット、煮沸消毒

赤ちゃんが生まれるまでは母乳だけでいくのか、それとも並行して人工乳も作ることになるのかがわからなかったので、哺乳瓶は前もって準備せず。病院にいるあいだに母乳だけでは足らずに粉ミルクを病院の哺乳瓶でチューチュー吸っていたので、退院後に哺乳瓶もおさがりをいただき、乳首部分だけ新しいものを買い足して使いました。

なぜか実家の母がおさがりばかりではかわいそう、と新しい哺乳瓶を買ってきたので、哺乳瓶がゴロゴロと台所にころがることになりましたけれど、外出の際、何本か車に積んで出かけることができたので結果的にはよかったです。

外出のときは白湯を少しいれた哺乳瓶と、1回分ずつ計った粉ミルク、お湯のはいったポットでワンセット。ミルクがすぐに飲めるよう冷めた白湯と熱い湯をうまい割合で混ぜるのです。

ギャンギャンと泣いたら、すぐにおっぱいを吸わせ、そのあいだにミルクを作り、哺乳

登山用のポットを
そのまま流用。

煮沸消毒に使った琺瑯容器。
直接火にかけられます。
野田琺瑯のもの。

瓶を口に含ませることができれば、外へ出かけるのもそんなに億劫にならずにすみました。

哺乳瓶は飲んだらすぐに琺瑯の深さのあるバットで煮沸消毒し、保存も琺瑯のふたのあるタイプのものにいれてしまっていました。

哺乳瓶用の煮沸の道具も紹介されましたが、専用の道具はそれなりに便利なのでしょうが、そのときしか使えないものも多く、それにそんな道具ばかりが部屋にあふれてしまいそうで、家にあるもので代用できるものがあればと考えました。

琺瑯容器は火に直接かけられますし、

清潔で病院の道具としても使われているので安心です。

なにより台所仕事で使っていたものが、そのまま赤ちゃんのお世話にも使えるのはありがたいことです。

この頃仕事でご一緒した女性カメラマンの方が、やはり授乳中で煮沸バナシで盛り上がりました。彼女は一日に飲む回数分の哺乳瓶8本を用意し、飲んでもすぐに洗わずそのままに。そして夜寝る前に一度に食洗機にかけて洗うのだそうです。高温で洗えば煮沸にもなると。やりかたは人それぞれですね。

自宅のミルク用のポットは、冷ました白湯をいれるものと、電気式ですぐに熱湯がわくものを用意して、おっぱいのあと足りないぶんはすぐにミルクを作ることができるよう準備しておきました。

チャイルドシートとベビーカー

チャイルドシートとベビーカーはおさがりをいただきましたが、フルフラットを好む娘のため、新しくアップリカのものをそれぞれ購入。メーカーにはこだわりなく、ただただフルフラットになることだけが選びの条件でした。産む前にいくつか見ておけばよかったのでしょうが、出産後に買いに出かけたものですから、とにかく短時間にパッと買って帰らなければと、車で15分のアカチャンホンポへ。取り寄せではなく、その場ですぐに持ち帰れるものをお願いして買いました。長いあいだ使うものではないので、買い物意欲も薄かったです……。

どちらも1年間使っただけで、チャイルドシートはバケットシート型のレカロに、ベビーカーは伊藤まさこさんからいただいた海や山への散歩にも便利なランニングベビーカーになりました。チャイルドシートはレカロにしてからご機嫌で乗ってくれましたね。すわれるようになってからは3点式ベルトで押さえつけられるのをかなり嫌がりましたので、お

ランニングベビーカー。身体をすっぽりと包んでくれるようなデザインで、娘はおとなしく乗っていてくれました。

レカロのチャイルドシート。届いたばかりのとき、すぐに車につけずに、しばらくリビングにおいて様子をみました。

なかのところにガードをのっけるような形で身体がすっぽりと無理なく納まる形は娘好みだったようです。

　ランニングカーは大きく、簡単に折り畳むこともままならないタイプで町中を歩くには適してなかったけれど、公園や海辺では太くて大きなタイヤがほどよくころがってくれました。散歩が楽しくてしかたがなかったな。

　1歳過ぎて歩けるようになってからは、とにかくどこでも歩きたがり、おとなしくベビーカーには乗っていてくれませんでした。車移動が大半というのもあり、B型のベビーカーは結局買わずに終わりました……。我が家のベビーカー歴はかなり短かったと記憶しています。

授乳時期のママのファッション

ごはんをよく食べ、眠ることができたときにはおっぱいがいっぱい出ました。寝不足になるととたんに張りがなくなり、娘ももの足りなくて泣きました。自分の身体がとてもシンプルに働いていることを実感します。

いつでもどこでも授乳できるよう、やわらかな綿ジャージーのカーディガンや、前開きのシャツなどをよく着るようになり、人前であげなくてはならないときは肩からショールをはおって。うちではさっと上着を脱いで、タンクトップ姿で片乳出してあげていました。わたしが幼い頃にはバスや電車のなかでも、おっぱいを赤ちゃんに飲ませている人は多かった。子どもながらにそんな親子の姿はいいもんだなぁと思っていました。

家では授乳クッションが大活躍。Uの字型をおなかにスポッとはめて横抱き、縦抱き、脇抱え。うでや肩の負担を少なくしてくれました。ただこれを使っていても、2カ月後くらいには腱鞘炎となりました。今思えばなんてことない軽い体重なのにと思いますけれどね。

わたしの体重はあっというまにもどりました。
妊娠中も6キロしか増えず、先生からは理想的と言われながらもおなかのなかで無事育っているか心配でした。ですが、生まれてみると、立派に3000グラムを超えて出てきましたし、まぁよく飲む飲む飲む。体重を吸い取られるような感覚でしたから、食べても食べても太らず、キューっとしぼむようにして体型はもどっていきました。あぁーまたあの頃にもどりたい。授乳が終わると同時に、食べると太る身体に逆もどりです。

外出は歩きやすいパンツとスニーカー、上は授乳しやすいものをはおって、ナップザックを背負うか、自立する大きめのトートバッグを提げて。とくにママバッグは必要と思わなかったので、長年使い続けているものに、赤ちゃんグッズを放り込むだけでした。

またアクセサリーや時計をほとんどつけなくなりました。動くようになってからはどんなに小さなピアスも眼鏡もおもちゃの対象に。眼鏡は何度も修理のお世話になりました。

ママバッグその1
車移動のときにはプラダのトートバッグで。

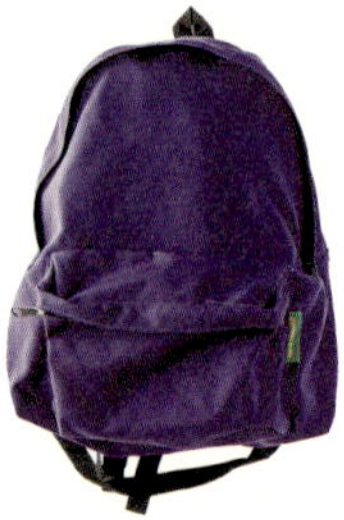

ママバッグその2
歩き、電車移動のときにはシャプリエのリュックで。

1カ月から3カ月の いろいろ

おもちゃ
このくしゃくしゃが内蔵された布のおもちゃ、うちの娘はけっこう楽しんでいるようでした。

泣き止むビニール袋
テレビでビニール袋をくしゃくしゃと揉んでその音を聞かせると赤ちゃんが泣き止むというのを見て、さっそく娘にしてみたらこれが案外よく効きました。

美容院が気分転換
3、4週間に一度の美容院がうれしかった。

お宮参りとお食い初め

生後60日に両親と一緒にお宮参り。わたしも久しぶりに着物を着て出かけました。おっぱいのことがありましたのですぐに脱ぐことになりましたけれど、ほんの少しでもおしゃれができてうれしかったな。

娘はお祝いにいただいた真っ白なロンパースに真っ白な帽子、神社では小さな着物をはおってお参りしました。

着物はよく通っているアンティークの着物屋さんで買いました。七五三に使ってもいいのよというので、そのつもりでいましたが、結局七五三のときにはわたしがどうしても着せたいものがあってあらためて買うことになりました。

お食い初めは以下のような献立で友人家族とお祝い。

ふきの煮浸し、ほうれんそうと春きゃべつのおひたし、トマトとルッコラ、じゃこのサラダ、ブロッコリーとかぶのアンチョビ炒め、かぼちゃのそぼろ煮、手巻き寿司（すしネ

お宮参り
神社へはおじいちゃん、おばあちゃんも一緒に。夫とわたしは久しぶりに着物を着て出かけました。おっぱいのこともあり、神社の帰りは寄り道なし。家へ直帰。短い時間でしたけれど、いい気分転換になりました。

タは近所の魚屋さんに大皿で届けてもらう）、鯛のお頭の汁もの。

　娘のお膳はお宮参りのときにお土産でいただいたお食い初めセットで。誰かが来てくれると娘の面倒をまかせられるので、料理にも熱がはいります。

　ふふふ、ときどきだからこんな気持ちにもなるんでしょうか。それとも料理も無心の集中につながっていたのかもしれません。

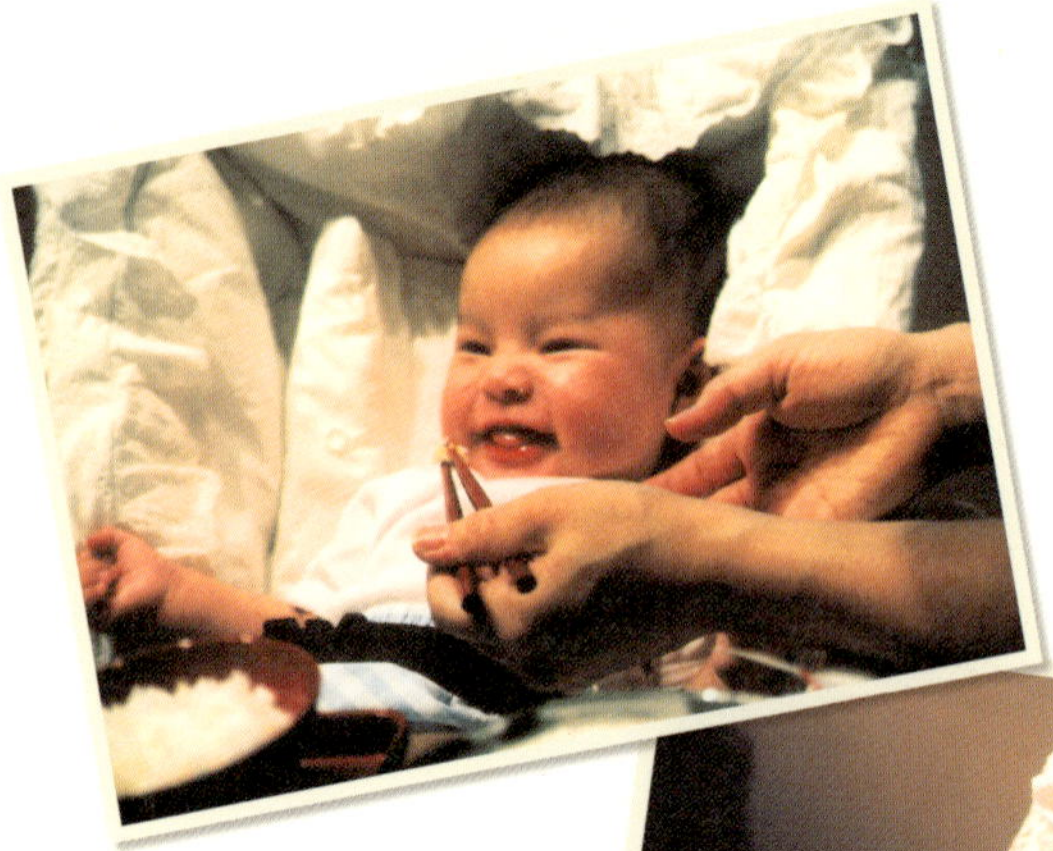

お食い初め

お食い初め
まだ授乳中の100日にお食い初めとはなぜでしょう。離乳食もまだまだ先ですので、口元へ形だけごちそうを運びます。

お引っ越し

娘が4カ月のときに東京のマンション暮らしから一転、三浦半島の海辺の町に越しました。子どものことを考えての引っ越しのようなタイミングではありましたけれど、妊娠前から考えていたことでした。夫とふたりで年に一度の休暇を海辺で過ごしていたこともあって、ふだんの生活にも海があったらと……。夫とふたりなら身軽だし、知らない土地で暮らすなら、身体も心も動けるうちにと思ったのです。

それがいざ行動を起こしてみますと住む家がみつかるまでに思いがけず時間がかかり、そのあいだに劇的な家族の変化があったというわけなのです。なので娘の誕生と引っ越しが重なることになったのは偶然でした。

赤ちゃんを抱えての引っ越しは大変ではありましたけれど、いずれにしても重労働になることは予想していたことですし、赤ちゃんがいることで業者にしていただけるところはすべておまかせしてしまいました。

海の近くの生活

いらぬ荷物を移動することだけは避けたかったので、思いきってどんどん荷物を減らすことに徹しました。娘がいなかったらずるずると時間をかけていたでしょうが、わたしには限られた時間しかないと思うと、迷いなく荷物を選別することができました。

環境が変わったことで、いっそう子どもグッズの購買意欲がなくなったのは自分でも驚いたこと。まわりには緑や海は広がるけれど、身の回りのものを買える場所はない。

かわりに地元の農家の方が熱心

農家の直売所で買った地元の野菜。

ベランダから見た夕方の空。

に作る野菜や、新鮮たまごが直接買える養鶏所、毎朝水揚げされたばかりの魚介が並ぶ漁港や市場があることを知り、わたしと娘は散歩がてらそこへ向かうことが日課となりました。

なければないでやり過ごす、娘のためと思いながら実は自己満足な買い物も多かったことにハッとしました。

ここにいるだけで娘は元気に育っていきます。

夏は毎日海遊び。5歳の頃。

一色海岸のどんと焼きの帰り。3歳のお正月。

夕方涼しくなってから海遊び。2歳の夏。

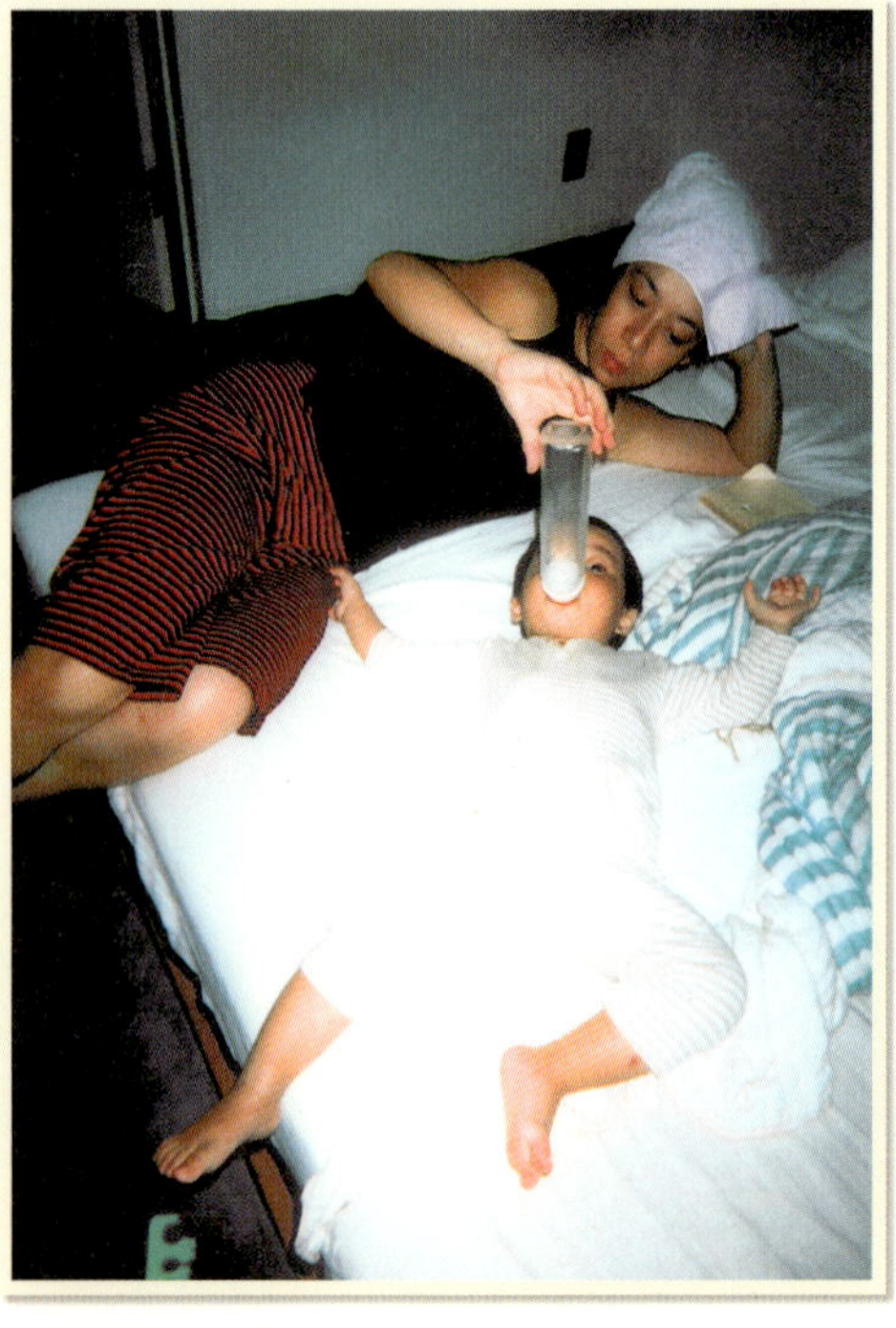

お風呂から出て、寝しなにミルク。飲み終わる頃にはおやすみなさい。こんな姿が日常です。1歳後半。

第3章

4カ月から8カ月

洋服の楽しみ

4カ月になって、足をつかんだり、バタバタさせたり、寝返りをうつような動きがあったり。ソファにコロンところがしておくことができなくなってきました。便利にしていた移動式ゆりかごも、目を離すようなときには寝かせておけません。

今までは寝ているばかりでしたが、首もすわってきて、おすわりもできるようになってきたら、服を着せるのが楽しくなってきました。

離乳食がはじまると、今まで以上に服を汚すことが多くなるので、上下が分かれたセパレートタイプのものが便利でしたね。足下がもたもたしているものよりも、すっきりと足首が出るもの。赤ちゃんが動きやすいものを選んで着せました。

おさがりのなかにはかわいいものがいっぱいありましたが、うちの子の成長が早くてかわいいものを着せずじまいで終わることも。そんなときにはハンガーにかけてニヤニヤと眺めて満足することに。月齢が少しずれていたり、成長が早かったりすると、着ることな

おばあちゃんの手編みベスト。

夫が突然買ってきたカシミヤのセーター。なんと0歳から7歳まで着ました。

く終わる服が多いことをはじめて知りました。これまでかわいさが先に立って出産祝いなどを選んでましたけれど、成長具合や季節のことをよく考えて贈らないといけないと反省。

自分で揃えたもので失敗したのはセーターやカーディガンの類い。赤ちゃんは体温が高く、毛糸のものを着る機会がありませんでした。着せると真っ赤になっていましたね。それに肩からひじあたりが窮屈のようでした。

ベストをとても重宝しました。朝起きて、すぐに寝間着の上にちゃんちゃんこを羽織らせたり、涼しかったり、寒いと感じるときに1枚着せるのはベストでした。うでがよく動いて快適のようでした。それにベストはやや長い期間着ることができましたので、経済的でもありました。

4カ月から8カ月の遊び

大きなブロックや積み木はまだ重ねたり、つなげたりはできませんが、手につかんだり、なめてみたり。紙をびりびりとやぶったり、くしゃくしゃと丸めたり。ティッシュケースから紙を全部引き出すのが楽しいらしいので、ティッシュをぬきとり、ハンカチを詰めたりしたもので遊ばせていました。

外ではわたしのひざにのせてすべり台をすべったり、ブランコに乗ってみたり。公園で遊んでいる子どもたちをバギーのなかからじっと見ているだけでうれしそうでした。そして声をかけてもらうと、パッと目が輝きます。子ども同士、通じるものがあるんでしょうか。

7、8カ月の頃ちょうど真夏の暑い時季でしたので、ベランダに日陰を作って、おもちゃのカップなどに水をいれてあげて水遊びもしていました。水遊びはかなり気に入って、雨の日はバスタブの水をぬいて、中に座らせて水カップ遊び。あせもがひどかったので、水遊びで少しかゆみもおさまったようでした。

ティッシュを出しまくる。

この頃の遊び

ベビープールにうすく水を張って、その中にすわらせて遊ばせていました。

文字のない赤ちゃんの一日を描いた絵本がとても気に入っていて、何度も何度もめくっていました。それは厚紙でできていたのでやぶることはありませんでしたが、薄い紙のページの絵本はかなりやぶいてしまいました。しろくまちゃんの絵本はやぶいてしまったため２冊目です。

離乳食

6カ月くらいからはじめました。

最初は果汁を薄めたものやおもゆや出汁を飲ませることからはじめました。必ず3食というわけではなく、大人が食べるもののなかから娘に食べさせてもよいかなと思うものがあればそれで用意をするくらい。離乳食はあくまで食べることの準備と考えていたので、きっちりと娘のためだけに支度をすることはありませんでした。

7カ月くらいからお味噌汁のみそを入れる前の具材を取り出してつぶしてあげたり、かぼちゃの煮物の味付け前のかぼちゃをつぶしたり、ふきを出汁だけで柔らかく煮たものもバクバク食べていました。出汁がよくきいたものは、塩味をつけなくっても好んで食べてくれましたね。毎日お味噌汁を欠かさない食卓だったので、季節の野菜がかわるがわる煮えており、娘の離乳食にはあまり困った記憶がありません。今まで通りの台所仕事のなかで離乳食が進みました。なので、娘は離乳食のあいだにほとんどの野菜を食べたのではな

すり鉢
小さくて溝のないすり鉢は離乳食作りに重宝しました。鉢ごと食卓において、スプーンですくって食べさせました。松本の陶片木で購入。

三谷さんのベビーボウルとスプーン
スプーンの大きさは離乳食を進めるうちに少しずつ大きくしていきました。

いかしら。

スプーンは三谷龍二さんの木のスプーンがお気に入りでした。作品のなかにベビーボウルとベビースプーンのセットがあり、それを友人がプレゼントしてくれました。木製のため口当たりがやわらかく、口に入れる部分の木の薄さや幅が赤ちゃんの口に合うよう作られています。

離乳食後半は野菜をつぶしたものにやわらかいごはんや短く切ったうどん、パンを細かく切ったものを混ぜたりしてボリュームアップ。白身魚と野菜の煮たものに片栗粉でとろみをつけたあんをかけたものは、大好物のひとつでした。困ったときはとろみあん。あんがからむととろんつるんと口にはいって娘も食べやすかったのだと思います。

ズリズリ、ハイハイ

6カ月になってかなり動きの範囲が広がってきました。ちょっと目を離すとローテーブルの端に手をかけてそりかえる、立とうとしている、階段を3段くらい登っている、猫のえさや飲み水で遊ぶなど、「危ない！」ってことが多くなりました。

友人からのおさがりに丸く囲むことのできるガードがあったので、それをリビングに広げて、そのなかにおもちゃと娘をいれてみましたが、かなり嫌がりました。わたしが一緒になかにはいっていればいいのですが、ひとりになるとすぐに出たがりました。まぁ、そうなるとガードを広げた意味がありません。

台所とダイニングの境、階段の上下にはベビーガードをつけて行動範囲を制限しました。ほんとうに目が離せないのです。娘の手の届くところには小さなもの、割れ物は置かないよう片付けもしました。部屋のなかには「それダメ！」ってものが多いことに驚きます。CDデッキも破壊。CDを入れる部分の開閉が面白かったんでしょうね。何度もボタンを

目が離せない時期

猫のクロちゃんも
一緒にしめだされる。

CDプレイヤーのなかに
せんべいが入っていた！
（お友だちから聞いた話）

植木鉢の小石を
ばらまく。

押したり、無理矢理押し込んだりしているうちにあっというまに壊れました。

一度だけ背筋が凍る思いをしたことがあります。お風呂場を掃除していたときのこと、娘は洗面所でタオルやたらいをおもちゃに遊んでいたのですが、ふとみるとおそうじブラシを手に持っていました。それはカビ取り剤をつけて細かいところを掃除していたもので、娘からはかなり高い洗面台の上に置いたつもりでした。それをなぜか娘が手にして笑っていました。これはもう口に入れたに違いないと、病院の救急に急行。幸い口には入れていなかったようなんですが、そのときの心臓の音は今でも忘れることがなく、思い出すだけで鳥肌がたつほどです。

そんなわけで仕事のときはおんぶをしていました。寝ている時間もだんだんと短くなってきて、起きているときにはころがしておくこともできなくなり、背中に張り付けるしかなかったのです。目線が高くなるからか、娘はおんぶがお気に入り。とくに料理をしているときにはじっと手元をみているようでした。そしていつのまにか寝てくれる。おんぶ好きでよかった、助かりました。

第4章

9カ月から1歳半

成長

8カ月目くらいからつかまり立ちをするようになり、歯も生えはじめ、ねんねの赤ちゃんからずいぶんと成長したなと実感します。身長も生まれたときから20センチくらい大きくなっているんですからびっくりです。

成長の証か、病気にもなりました。1歳のお誕生日にインフルエンザのプレゼントが母親から贈られ、1歳半近くの梅雨時には熱性けいれんで2日入院。夏はとびひ、ヘルパンギーナ、突発性湿疹が10日間のあいだに連続してやってきました。こんなことってあるんですね。病院へ行くたびに別の病名を聞かされて混乱したものです。それでも子どもは治るとケロっとしている、驚異の回復力ですよね。

離乳食もすすみ、家族と一緒に1日3回食べるように。ただ一度にたくさんは食べられないので、おやつと称して補食をしたり、2歳までは寝る前に哺乳瓶でミルクも飲んでいました。ミルクは栄養というよりはそれで安心して眠れるという感じ。全部飲み終わる前

この頃から、
にっこりはっきり
笑うようになってきて、
親もうれしい。

に寝ることも多くなってきましたね。そしていつのまにか哺乳瓶なしでもグーグー寝られるようになっていました。

立って歩くようになりましたら、ちょうど娘の頭や顔の高さに、テーブルやラックの角があることがわかり、いそいで角という角にクッションをつけました。それでも板床や階段まですべてクッションをつけるわけにはいかないのでゴッツンをさけて通ることはできないようですね。何度かころんで唇を切り、流血騒ぎがありましたが、幸い唇だったので軽症ですみました。友人宅はコルク素材などのクッション性のあるものを床に敷きつめていました。

どんどん活動的に

8カ月から1歳までは大きなピースのパズルやゴロゴロとレールをころがる玉遊び、かくれんぼ、水遊び、砂遊び。歩けるようになったら公園のすべり台や動物型のまたがる遊具、ジャリ道の石をひろいながら、音を立てて歩く、芝生の上をゴロゴロところがり、タンポポの綿毛を摘んではフーフーと種を飛ばし、何が楽しいのか階段をいったりきたり。じょうろ遊び、シール貼り。動ける範囲が広がって、ほんとうに目が離せません。

シール貼りはどこでも貼ってしまうので困りました。ある日の朝、起きたらベッドルームのテレビ画面いっぱいにシールが貼ってあって、その前でにんまりとすわり込んでいた娘の顔は忘れることはありません。まさにやられたのひと言。

それからはシールは一緒にいるときだけの遊びとして、少し言うことが聞けるようになったら、シール貼りをしていい場所を決めてルールのある遊びをするように。シールはいまだに大好き、お友だちとシール交換なんていう遊びも流行っています。

9カ月から1歳半の遊び

歌は「とんとんとんひげじいさん♪」ばかりを何度も何度もやらされました。

12ピースぐらいで完成するパズルが大好き。はめたらひっくり返し、またはめる、というのを繰り返していました。

シール貼り、大好き！

なぜだかくまちゃんばかりが揃いました。左から2番目のくまちゃんはおさがりのものですが、娘の一番のお気に入り。どこへ行くにもだっこしていました。

ごはんの器とカトラリー

つかみ食べがはじまり、1歳をすぎましたら自分で箸を持ちたがるようにもなりました。器は平らなお皿にし、箸は短く、六角形のすべりにくいものを用意しました。両親がいつも箸で食事をしていたので、スプーンではなく、箸がいいと。なんでも同じものがいいのです。

箸はやはり先がとがっているので危ない気がしましたが、必ずそばでついていて使わせてみました。ところがこうすると本人よりもそばにいるわたしのほうが危険でした!!!

身体が大きくなるにつれ、服や靴と同じように

ごはんの器とカトラリー
陶芸が趣味の両親からもお茶碗が届きました。右の茶碗とお椀は出産祝いにいただいたもの。小さい塗りのお椀、なんて贅沢なんでしょう。

子どもの箸
手の大きさに合わせて、箸の長さもかえました。形は丸いものよりも角があるもの、質はプラスチックよりも木のもののほうがにぎりやすいようでした。

箸も長くしていきました。市販のものでちょうどいいものがみつからず、実家の父親に頼んで大人用の竹の箸を削ってもらい、長さを調整しました。陶芸をしている友人や実家の両親からは何個も小さなお茶碗が届きました。何度も何度も割ってね、っていうメッセージつき。心強い。

ごはんの時間には娘のいすのまわりに新聞紙を敷きつめ、冬場はそでまですっぽりと覆うビニールタイプのスモックを着せ、夏場はエプロンをつけて食べるようにしました。この時期は食べこぼす、汚すはしょうがありません。

どうしても汚したくない服ははじめから着せない。汗もよくかくときですから、日に何度も着替えさせてもいいくらいの心づもりで過ごしていました。

陶器のお茶碗
白と黒、それぞれ6個ずついただきましたが、今残っているのはこれだけ。スープやごはん、和え物も煮物もこれに盛りつけて。割ると親はたいへんですが、落とすと割れることは幼児にも伝わったようでした。

木の器
こちらも出産祝い。木の器で軽いけれど、安定感があるので、手で離乳食を食べはじめたときから使いはじめました。マザーディクショナリーのもの。

いす

いろいろみた結果、ストッケ社のものに。すわりごこちはよくわからないところではありますが、座面や足のせの板の高さを調整することで、大きくなっても使えるということ。安定性が高い、ベビーガードが娘の身体に合っていたことで選びました。

色は赤。男の子に間違えられることが多かったのと、部屋に木目のものが多く、子どものものくらいは色がついたもので、と決めました。

また、軽量でたいていのテーブルにちょっとひっかけると子どもがすわれるいすになるという、折りたたみのいすを買いました。ほとんど車移動の我が家ではこのいすを車に積んで出かけましたが、外食では使いませんでしたね。もっぱら友人宅へ遊びに行くときに使いました。歩きはじめはとにかくじっとしていなかったので、外食は自粛。

三谷龍二さんのいす
大人がすわっても気持ちがいい子どもいす。7歳になった今も使っています。

ストッケ
5歳を過ぎた頃から大人のいすにすわりたがるようになり、一時出番が少なくなりましたが、小学校へ行くようになったら復活。宿題をするにはやはり身体に合ったいすでないと具合が悪いとわかったようです。

1歳半くらいまでの服

動きが活発になり、汗をかいて、外ですわったりねころんだりして汚すので服も選ばなくてはいけない時期になりました。すぐに洗える綿のもの、上下つながっているものよりもシャツとパンツもしくはスカート。下着はおなかが出てしまうのでつながったものと思いがちですが、下着も分かれていたほうが脱ぎやすかったりします。

それから汗っかきの子どもはセパレートタイプの下着のほうが風通しがいいようです。皮膚科の先生からそんな指導があったと話してくれた友人もいました。

今の紙おむつは優秀ですから、もれることがまずない。その上に下着としてのパンツをはかせるとむれてしまうんですよね。わたしも何度も着せすぎてあせもを作ってしまったことがありました。とくに娘はアトピー性皮膚炎の傾向にあり、気をつけてあげないといけませんでした。

かわいいスカートをはかせたい気持ちがありましたが、ころぶ、すべる、そしてどこで

友人がアンティークのおふとん生地で、チャンチャンコを縫ってくれました。1歳から6歳まで着ていたお気に入り。

はじめての靴は子育ての先輩からいただいたもの。やわらかすぎず、しっかりと足を包み、それでいて靴底は厚くないものを選んでくれました。革製の白でどんな服にも合いましたし、娘の様子もこの靴がとても足に合っているようだったので、この一足でどんどん歩かせました。「ギンザサエグサ」のもの。

2歳の冬。寒いときにはニットのポンチョを羽織って出かけました。

1歳の夏。まだサンダルは危ないので、真夏でも白靴で通しました。

1歳の夏に着ていたワンピース。3歳くらいまでの服はどれもかわいいと思えるのは小さいからなのかしら。

もすわる。これはパンツスタイルしかありません。

靴下はゴムのすべり止めがついているもの、またはよっぽど寒いときでなければ裸足が一番。うちはとても床が冷たかったので1、2月くらいは靴下をはかせたり、すべり止めのついた靴下型のスリッパみたいなものをはかせることもありました。

親友の双子ちゃんは外へ出るときだけ、靴下やタイツをはいていましたが、寒い日でも家ではずっと裸足でしたし、服もとても薄着でした。食が細いふたりでしたけれど、とっても丈夫で風邪をひくことなく、いつも元気いっぱい。大人と同じ感覚で服を重ね着しすぎてはいけないんですよね。

薄着を心がけ、どうしても今日は冷え込んでいるっていうときには赤ちゃんの頃から重宝しているベストをチョイス。袖がない分動きやすく、ほどよく熱を放出してくれ、自分で着たり脱いだりができる手軽さもいいようです。

それから1歳半までのあいだに何足か靴を買いました。歩きはじめなので、サイズはとりあえずぴったりのものを。

第5章

2歳から3歳

トイレトレーニング

2歳の半ば8月からプレ保育の先生のご指導のもと、トイレトレーニングをはじめました。最初は定期的にトイレに一緒に行ってすわらせることから。紙おむつもトレーニング用にしたり、布のトレーニングパンツをはかせたりしてスタート。

最初はトイレから出た直後におもらし、なんてことが多かったものの、2カ月後くらいには自分でトイレに行きたがるようになりました。

でもまた少したつとトイレにすわるのを嫌がったり、だけれど布のパンツをはきたがったり、また次の日にはパンツはイヤと言ってみたり。目まぐるしく気持ちがかわります。スカートをはきたいからがんばろうと励まし、お友だちが遊びにくるとみんなで一緒にトイレに行こうと誘ったり。そんなことの繰り返しが半年くらい続きました。

トレーニングをはじめて3カ月くらいたった頃には、まったく先がみえないのでイライラしたこともあります。今思えばなんてことない短い時間なのですが、長く長く感じました。いつまでこのままなのーってね。

ゆっくり、焦らずって思うようにしてもなかなか頭が切り替わらない。はじめての思うようにいかないこと。正直焦りました。

そして何人もの先輩ママのアドバイスを聞くうちに、ストンと気持ちが落ち着いたのです。いつかはおむつはとれるもの、うちはいっさい家でトレーニングはしてなかったよー、保育園におまかせだった、なんていうのんびりした言葉を聞いていたら、なんだか自分だけが張り切って、先へ先へと走っていたと反省。すうっと焦りが消えました。

娘のペースを見つつも、わたしがトイレに入るとき、朝起きて、夜眠る前くらいは声がけをしてあとは放っておくことに。

そうしたらあら不思議、「おしっこ」「トイレ」という言葉が出るようになったのです。わたしの焦りが娘の負担になっていたかもしれませんね。

うんちのときにはわざわざおむつをつけるなんていう笑い話もありましたが、7、8カ月めにうんちもトイレでするようになったり、少し先がみえてきました。

入園を前にほぼトレーニング完了。終わってみるとなんだか気がぬけるほど後半の追い上げが早かった。この日からおむつをはずそうって決めていたかのようでした。

年少さんになってもたまーに、遊びに夢中でやっちゃったぁーってことがありましたね。10カ月後の5月にはじめてお友だちのうちにひとりでお泊まりしたのをきっかけに、夜もおむつなしで寝るようになりました。

4歳までは夜中に一度起こしてトイレにすわらせていましたが、それ以降は寝る前に必ずトイレに行き、夜は起きることなく寝て、朝催して起きるようになりました。といってもおねしょはときどきあります。

友人のなかにはベッドのマットを一枚駄目にする覚悟で息子のトレーニングにのぞんだという人もいれば、絶対におねしょをしては困ると、5歳になっても寝るときにはおむつをしている子もいました。トレーニング方法はさまざまですね。

このポーズ。苦い顔。そしてお尻がやや重たそう。そうです、カノコふんばってます！ 2歳直前の冬、公園の隅で。

プレ保育

2歳3カ月からプレ保育に通わせました。

行く気満々で、準備したリュックを家でもずっとしょっていたり、初日のお迎えのバスにもさっさと乗り込み、親を振り返ることなく、登園しました。

そんな様子だったので、園ではさぞかしはじけているかと思いましたら、そうではなかった。泣きはじめる子がいると一緒に泣き、遊ぶもののずっと表情はかたいまま。

ようやく笑顔がみられるようになったのは4、5カ月後くらいからだったようです。

子どもが慣れたり、何かにすすむことができるのには、親が考える以上に時間がかかるものと知りました。

通っていた1年間のあいだに先生がたとやりとりさせていただいた連絡帳は宝物です。日々のなにげない子どもの様子を書いてくださり、ときにはこちらから心配事の相談をしたりしました。

たとえば娘が暴力的になったことがありました。噛み付いたり、たたいたり。あまりに突然だったので、心配になり、すぐに先生に相談したのですが、事件が起こりました。隣にすわっていた男の子のうでを噛んでしまったというのです。先生によるとみんながみていた映画の最中に隣の男の子がさわいで音が聞こえなくなり、噛んでしまったとのこと。理由はどうあれ、噛んでしまったことにはかわりなく、相手の方には謝らなくては、と先生にお願いしました。

ですが、園のなかで起こったことはこちらの責任。男の子の名前を聞いても教えてくれませんでした。もちろん娘に聞いてもまだお友だちの名前ははっきりとわかりません。これは先生におまかせするしかありませんでした。

でもこの事件が、娘に手や口でなく、言葉でまず伝えることを教えてくれたのでした。

半年間はほとんどお友だちとかかわることなく、ただそばにいるだけで、基本的にはひとり遊び。それが少しずつ距離が近くなって、手をつなぎ、おもちゃを共有し、プレ保育卒業の頃にはお友だちと群れて遊べるようになり、何人かのお友だちの名前を言うようになっていました。お友だちと遊んでいるときの顔は、ほんとうにうれしそうで、楽しそう。家でみせる笑顔とはまた違うのです。

なぜ幼稚園のプレ保育にいれたか。

近くのいくつかの保育園に見学にいったり、希望を出しましたが、ただただ入れなかったという理由だけです。そして選んだプレ保育は保育園同様0歳児から預かってくれ、時間も希望すれば夕方まで。付属の幼稚園の園バスに2歳から便乗できるのも助かりました。

そしてなにより夏休みや冬休みなどの長いお休みも、希望を出せばお預かり保育があったこと。これは仕事をしている者にとってはありがたいことでした。

幼稚園も同様でしたので、保育園のような幼稚園のシステムを重視しました。

教育方針や宗教のことなどをあまり考えることなく決めてしまったことは、あとになって少し悔いが残るところでもありました。

なにしろ子育てと仕事をなんとか両立させたい。その一心で、わたしの都合を重視したことがよかったかどうか。答えはありません。

プレ保育の1年間、幼稚園の3年間お世話になった先生との連絡帳。日々いろいろ教わりました。

入園式

お赤飯を炊いて、朝から3人でもりもりと食べ、出かけました。式のあいだわたしは涙がこぼれてしかたがなかった。我が子だけでなく、緊張したお友だちの顔をみただけで、愛おしくて泣けてしまったのです。

卒園でもないのに泣くなんてと思いましたら、前にすわっているお母さんも肩をゆらして鼻をすすっていたので、あーわたしだけでなかったと安心。子どもが生まれてからというもの、涙もろくてしかたがありません。娘の顔をみているだけでも涙が出ることがあるくらいなんですからどうしようもない。

式のあと、家族写真を写真館でとってもらいました。後日出来上がった写真をみて愕然としました。夫は仕事場ではよかろうと赤茶色や金髪に近い髪の色をしておりましたが、その髪とふだん着慣れないスーツ姿が、園服を着た娘となんとも不釣り合いなこと。生活のなかでは見えないものが写真にはうつってしまうものですね。反省しました。

すべての持ち物に
ししゅうする!

かのこ
かのこ

スモック一枚で
目がショボショボしてくる。

名前のワッペンを
オーダーしてぬいつけることに…。

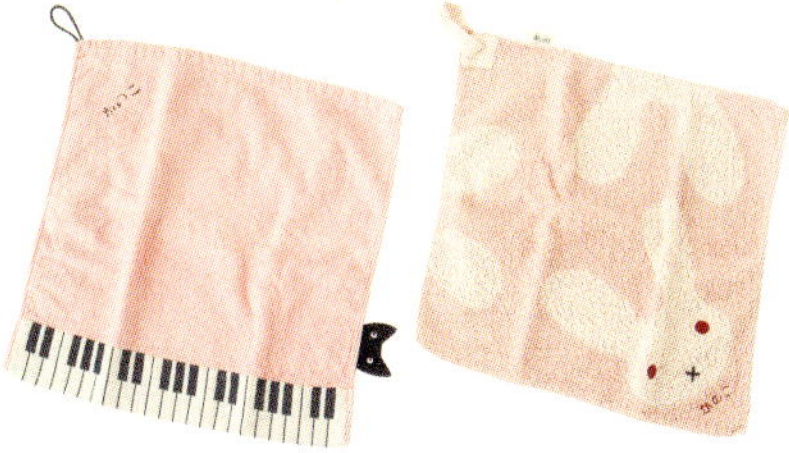

入園準備いろいろ

お手拭きタオルには名前のほかにフックに下げるために輪になったひもやリボンをつけます。刺繍の名前入り、リボンつきタオルをお祝いにいただいたときには飛び上がって喜びました。

工作道具やお絵描きの道具を持ち帰るときに使う、大きな布袋は市販のものにチロリアンテープと名前をつけました。

はじめて尽くしの一日。3人とも緊張した写真館での撮影でした。

さらに規則正しい生活

2歳半から幼稚園の準備としてお昼寝の時間がなくなりました。帰りの園バスのなかでぐっすりは当たり前。ですが、その短い眠りで復活し、バスから降りると家のとなりの公園に直行します。そこでお友だちと夏なら5時、冬は4時半まで遊びます。

鐘がなったらさあ帰ろう、ってすぐにパッと切り上げて帰ることはなかなかできません。でも、そのあとのことを思うと、こちらは必死で連れ帰らなくてはなりません。

というのも、帰ると急に電池が切れたおもちゃのように玄関先でバタンと寝てしまうことがあるからなのです。さっきまであんなに走り回ってたじゃなーいって思うんですけれどね、子どもっておもしろい。そうなるとだっこしてお風呂にいれ、そのままごはんを食べずに寝かせることに。そのあいだ全然起きないからこれもまた不思議。そして真夜中におなかがすいたーと起きる。大迷惑!!!

これが毎日続いちゃ困るので、夏は帰ったらすぐにお風呂、ごはんを食べさせて就寝。

冬はごはんが先でお風呂にはいって寝る。これを5時から6時のあいだにすませます。

だからこの時間帯は電話にも出られないほど、子どもにつきっきり。もし一本の電話に出たなら、受話器をおいたときにはテーブルの下に娘はころがって寝ていますから……。

ちなみに同じように園に通い、公園で思いっきり遊んで帰るお友だちはエネルギー切れが夜10時だそうです。これもまたたいへん!!!

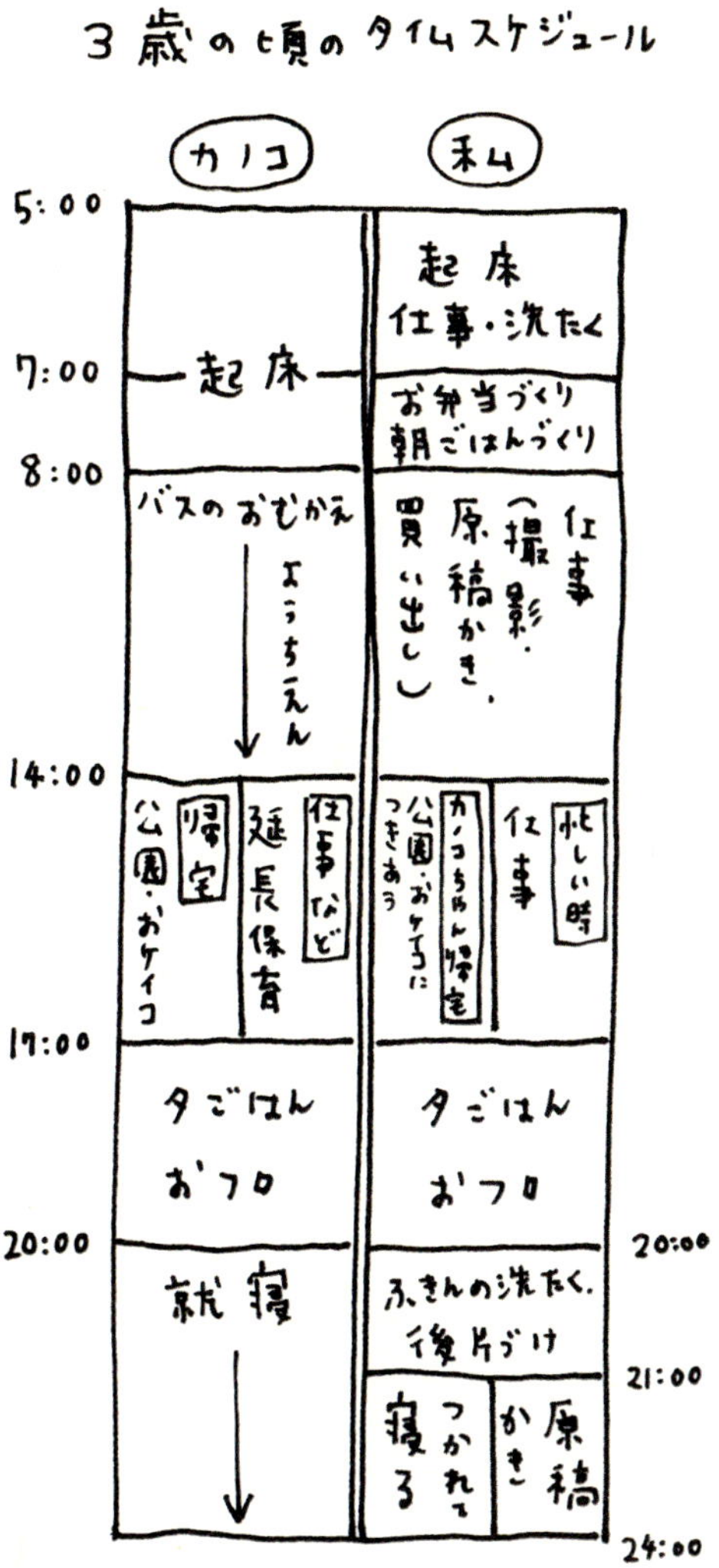

ごはんを食べ終わったとたん、眠気が
襲ってきてあっというまに夢のなか。
3歳まではスイッチが切れたとたん、
テーブルに突っ伏して、テーブルの下で、
廊下で、といろんなところでころがって
寝ていましたね。

第6章

3歳から4歳

3歳から4歳

年少さんになってから毎日ケガの報告、そしてときどきおもらし。すぐにお友だちの名前を覚えてきて、どんなふうに遊んだとか、誰が泣いたとか、お熱が出て休んだとか、そんなことをよく話すようになりました。

けれど、先生とどんなことをしたかというのはなかなかうまく答えられない。お遊戯会の練習もかなりしている様子だけれど、娘はどんな役がらなのか、どんな曲で踊るのか。「カノコね、しんぼうなんだよ」とだけ聞いていました。実際はくいしんぼうの役。あは は。お菓子の国にチョコレートさんやドーナツさん、こんぺいとうさんがいて、くいしんぼうがお菓子を食べにやってくるという設定。

踊りと歌だけは家でも真剣に練習していたので、発表会当日それらの情報がひとつにつながった感じ。先生とのやりとりは少し奥手なのかもしれません。

自分のことをしっかりと話せる子どもたちは、お迎えに行ってもすぐにわたしのところ

月齢の差はすこし気になる。
私も夫も5月生まれ。
ムスメは1月。
同じ学年の5月生まれの子は
歩いてた！

へとんできます。

カノコのママ、今日はなんでバスで帰らないの？　という質問だったり、今日ね、これからうちへ帰ったらクッキー焼くんだ、とか、僕ね4歳になったんだよっていう報告だったり、お姉さん、お兄さん的存在の子はカノコを呼びにいってくれたりも。

性格もあるのでしょうが、月齢の差を感じずにはいられない瞬間です。

娘を産んだとき、同じ学年になる5月生まれの友人の息子は歩いてましたものね。それを思えば早生まれの娘の成長が少しのんびりしていてもおかしくないのです。

それでもやっぱり気になってしまうのは親ごころかな。

だからいつもこの5月生まれの男の子の今を聞くと、数ヵ月後にそれが娘にもやってくる。最近でいうと、しりとりをしていたら、そのひと言ひと言に対して逆読みしたりするのです。

すごいねー、なんて言っていたら、しばらくたった頃に娘が急に言葉を逆さまに言っては喜んでおり、あらーほんとにやってきたわねーと思った次第。

ショックだった話をひとつ。園へお迎えに行くと、何度か繰り返された子どもたちからの質問。

「ねぇ、カノコのバァバ？　それともママ？」

ちょっときつめに「ママよ」って答えていたら、わたしをお母さんと認識してくれました。ふざけてではなく、本気で正直に聞いてきた子どもたち。

ちなみにパパは「冬なのになんでそんなに黒いの？」って聞かれたのだそうです。やれやれ。

七五三

同級生の子どもたちは昨年に七五三をしていましたが、早生まれということもあって3歳10カ月のときにお祝いをしました。

着物と御被布はいつもわたしがお世話になっているアンティークの着物屋さんでそろえました。娘はとても着物を着たがるので、七五三の一度だけでなく、きっと何回かは袖を通すだろうと。当日は朝から両親も来てくれてにぎやかに支度をし、わたしと娘は着付けを頼み、いざ写真館へ。それから神社にお参りをしてから娘のいとこにあたる、夫の姪や甥も合流してうなぎやさんでごはん。

一応娘は最後まで着物を着ていました。脱ぎたくないと。

途中神社の参道だけ草履を脱いで、クロックスにはきかえました。がまんしていたのか急に駆けまわって、興奮のあまり御被布のぼんぼりをひきちぎってしまったけれど、なんとか無事に一日が終わりました。

娘ひとりでもたいへんなところへ、両親とはいえ団体行動となるとけっこう神経を使います。けれど後日出来上がってきた写真をみて、よかったとしみじみ。家族で写真を撮るっていいものですね。スナップ写真とはまったく違う表情ですし、ちょっと全体的にかための印象がよかったり。節目には写真館へ出かけるのも悪くないと思いました。

着物はその後、娘も一緒に出席した年末のパーティ、初釜、姪の結婚式と、順調にもとをトッテイマス!!

なんて冗談ですけど、着物は流行りすたりがないので、ずっと長く着ることができるもの。わたしも祖母や母からゆずってもらったもの、アンティークショップでわざわざ大正や昭和の時代のものをもとめて着ているくらいですから、娘がこのまま着物好きでいてくれたら、わたしが若い頃に着ていたものをどんどん着てほしい。

7歳のときの七五三の着物はこのときから準備していました。わたしが7歳で着たものを母が大切にとっておいてくれたものです。

3歳の着物は目黒の時代布池田ですべて揃えました。娘のおかげで節目節目に家族写真を撮ることができるって、いいものですね。

7歳になるとポーズも決まってくるものですね。

子どもの着物

3人で浴衣を着て、近所のお寿司やさんに出かけました。3歳の夏。

ぽっくり
7歳のお祝いの着物はわたしのおさがり。草履も揃っていましたが、娘の足が大き過ぎてはけず、足下くらいは新調してあげようとぽっくりを用意。歩くたびに鈴がなってかわいいこと。

教育モノ

娘が幼稚園に入園した日、担任の先生から説明を受けている際、隣に並んだお母さんのひざの上にすわっている同じクラスの女の子が、升目のなかに自分の名前を漢字で書いて遊んでいました。

まだ3歳だよね?! わたしはすごいなーと驚いただけでしたが、その話を聞いた父親はそれはたいへんと、次の日にはお風呂に貼るひらがな表や、字をなぞると音が出たり、クイズ形式のひらがな覚えのおもちゃを買ってきました。

でもですね、できないものはできない。興味がなければどんなにみていたって頭にはいってこないのは子どもも大人も同じこと。親の気持ちだけが先行していました。

しまじろうのおもちゃもおさがりでたくさんもらいましたが、唯一パズル形式のものだけ喜んでやっていました。文字や数を「書く、読む」はふれることがありませんでした。

それが突然文字を書きはじめたのは年中さんになってから。お友だちとのお手紙交換でパパがあわてて「教育玩具」を買ってきた!!

がぜんやる気になったというか、書きたい気持ちになったのでしょう。「あ」はどうやってかくの。「ぐ」ってこんな字だったぁ、なんてやりとりしながら一生懸命お手紙を書いては次の日にポケットにしまって出かけていました。最初は自分の名前しか書けなくって、それでも友だちに渡していました。月齢の早いお友だちはもう一通りの文章で書いてくる子もいて、もっとたくさん書いてきてって返されたなんてことも。

そんなお手紙交換なんてやっちゃいられねえーって男の子たちはまったく字を書きたいなんて気はないみたい。

それよりもどこまで飛べるか、どこまでブロックを積めるかに夢中。字や数字を覚えるのは小学校にはいってからでもなんら遅くはないことを教えられました。

それよりも就学前には季節のこと、季節の歌、行事、虫や動物のこと。花や木のこと。生活のマナーやルールを家族で子どもたちに伝えたり、教えることのほうが大切なのだと思うようになりました。

しいていうなら、ぬりえやお絵描きで上手にクレヨンや色鉛筆を持てるようになると筆圧が上がり、しっかりと文字を書く準備ができ、えんぴつやお箸の正しい持ち方にも通じる。折り紙は手先が器用になり、形の分割を自然と学ぶ。お手伝いをしているうちに、お皿をいくつ並べるとか、ひとパックのいちごを数を数えて上手に等分して分けるとか。そんなことのなかで子どもたちは数字を覚え、会話のなかで言葉をたくさん覚えていきます。

子どもとの会話を大切にしている友人の子どもたちは、しりとりをするとまぁ驚くほど言葉が出てくる、出てくる。大人も降参するほど。子どもたちの吸収力ってすごい!!!

今思えばかるたがよかったんですね。文字を覚えたり、読んだりするのにとてもいいと思いました。人と競いながら自然と覚えてしまうよい教材です。娘にとっても新鮮だったようで、数人集まることがあると必ずかるたをしたがりました。

かるたが大好き！
娘より数段手強い
相手だったりすると、
すねてしまう。

逆に少しまだ早いかなと
思われる月齢が下の子
だったりすると、
急にいばってこれだよ、
こうするんだよなんて
先生口調、命令口調に
なったりして、
かるた遊びからあらたな娘の
一面がみえてきました。

かるたをするうちにすねたり、いばったりするようにも。これも成長の証なのかなと。これまではやりとりのなかでこういう感情にもならなかったのか、それともどう表現していいのかわからなかったのか。

　泣くことがほんとうに少なかったので、負けてしくしくと泣くなんてこともあって、そんな姿をみると、娘には悪いんだけれどおかしくって笑ってしまうのです。

おしゃれ

急にパンツスタイルを嫌がり、スカートじゃないとだめっと言うように。もうころぶことが少なくなってきたので、無理にはかせることはしなくなりましたが、外遊びのときにはパンツがいいなぁ。キズがたえないことと、膝小僧がもう真っ黒なのです。お年頃になったときに後悔しないかなー。

スカートのときには紺色やフリフリレースのいっぱいついたカバーパンツをはかせ、暑いときには直接濃い色の下着をはかせます。手提げや肩掛けのかばんを持ちたがり、なにやらがらくたをいっぱい詰めて出かけます。髪はずっとショートカットでした。わたしと一緒に美容院へ行っては積極的に鏡の前にすわっていましたが、4歳を前に急に切りたくないと。三つ編みに憧れているみたいです。

それから園にショートカットの女の子がひとりもいない。みーんな髪を長くしているのも彼女なりの理由かもしれません。短くてもボブカット。なので、ショートにすると、男

夏休みになると
やっぱり切りたいと言って
ショートにしましたら、
休み明けに園に行きたくないと
言い出しました。
どうしたのって聞くと
髪が短いままだからと。

だって自分で切るって
言ったんだよと言うと、
幼稚園に行く頃には
伸びていると思ったというのです。
とほほ。

の子みたいとからかわれるみたいですね。

プレ保育のときに自分で着替えたり、トイレに行くのを練習したり、習慣にするために、脱ぎやすい、はきやすいウエストがゴムのものを着せて通っていました。ファスナーやボタン、フックのものはなかなか難しいのに加えて、手助けする先生がたもたいへん。

すっと下ろす、上げるだけで脱ぎ着できるゴムのものはこの時期にとても大活躍。ただこのタイプのものでかわいいものって少ないですね。さんざんさがして安藤明子さんの半ズボンを色違いで買い、それを毎日のようにはかせました。

年長になってからも娘はお気に入りではいています。最初はひざ下だったズボンが今はホットパンツ寸前。でも全然違和感なく、小さいものを無理矢理はかせている感じもないんですよ。洗っても洗ってもくたびれず、むしろやわらかくなってしっとりと肌になじむ綿ズボン。色具合は決して女の子っぽくないけれど、上に合わせるブラウスやＴシャツでいかようにも。

布のはぎ具合や、ポケットの位置、ところどころ布とはまったく別色の糸でポイント縫いしているところなど、シンプルな形のなかにしゃれたところが見え隠れして、ゴムパンでありながら、案外大人っぽいと思ったものです。

海のそばに住んでいるからでしょうか。４月くらいからビーチサンダル姿の人がぐっと増えます。夫はほぼ一年中、わたしもビーチサンダル好きなので、娘も当然のようにビーサンが大好き。ころばなくなった頃からはかせてみましたら、これが気に入って気に入って、どこへ行くにもビーサン。

どんなにかわいいしゃれたワンピースでも、底がぺったんこになったサンダル履きなんですからおかしくってしかたがありません。加えて下駄も大好き。わたしも夏は下駄をはくことも多いので、ふたりそろってからんからんと歩きます。

3歳頃のおしゃれ

安藤さんの
ズボン

緑のワンピ風はやはり安藤さんの半ズボンと合わせて着ていたもの。

布作家の安藤明子さんの作品。夏はガーゼ、冬は綿の半ズボンで、80cmから110cmくらいになるまではきました。シンプルな形とシックな色合いなので、上はどんなものもよく合います。冬はタイツやスパッツをはかせて重ね着。

子どもエプロン
後輩の手作り。2歳のお誕生日にわたしとお揃いで作ってくれました。

ビーサン大好き

2歳からビーチサンダルをはきはじめ、毎年足のサイズに合わせて一足新調します。去年は青だったので、今年はオレンジといった具合。SUNSHINE+CLOUDで。

タオル地のガウン
友人宅に遊びにいくとお風呂上がりに子どもたちがガウンを羽織って出てきました。ちっちゃいのに一丁前な感じがかわいい。真似して我が娘にもガウンを1枚購入。お風呂上がりにこれを羽織っていれば、すぐに冷めることなくいい塩梅なのです。7歳の今もややつんつるてんではありますが、現役です。キャスキッドソンのもの。

Tシャツ
ボンポワン、プチバトーなど合わせやすい、飾りや絵のないシンプルなものが揃いました。ピンクや赤など濃い色のものは案外と組み合わせが難しいのです。

ファーストブーツ
ちょっと大きめのサイズでも足首まですっぽりとおさまるブーツなら、脱げることなく、歩いても気にならない様子でした。なので2シーズンはけてよかった。鎌倉のクプリオで。

キラキラめがね
お友だちからのプレゼント。日差しの強い海辺ではサングラスは必需品。

白いシュミーズ

白くて、すそにひらひらとレースのついた下着が1枚おさがりでやってきました。それが気に入って気に入って、毎日着たがりましたね。おひめさまになった気分なんですって。下着姿で飛び跳ねていました。

3歳からはじめたおけいこごと

まずスイミング。おむつがとれたらすぐにでも、と思っていました。水遊びが大好きですし、海に行ってもまったく怖がらずにどんどん波打ち際から中へはいっていくタイプでしたので、これは早いうちから行ったら楽しいだろうなと。

タイミングよく北島康介選手の金メダルもあって、「康介大好き、康介みたいに泳ぎたい」なんて言い出したものですから、すぐにクラブへ放り込みました。

わたしは幼い頃とても水が苦手でした。特に海は海底から何かが出てくるのではないかという恐怖にいつもおびえていました。足に海藻がからんだだけでも悲鳴をあげていたくらいなのです。

今も海では足がつかないところはいきません。ですが、泳げたらどんなに楽しいかということは頭ではわかっているのです。行動範囲がぐっと広がりますものね。

そんなわけでわたしのコンプレックスや、海辺に住んでいることも重なってのスイミングのスタートでした。

はいりましたら、もうそれはそれは楽しそう。最初はただ浅いプールに飛び込んだり、輪をくぐったり、ボールをとったりしながら顔を水につけたり、水の中で目を開ける練習からはじまりました。プレ保育に行っていたので、わたしから離れてプールサイドへ行くことはなんの問題もなく、すんなり。まわりのお友だちもはじめての子や小さい子には親切です。

今もスイミングは続けています。最初はスルスルと上がった級も、息継ぎがはじまったときの級で、しばらく停滞。クロールの泳法でまた停滞。そして現在はバタフライで苦戦中。それでも嫌がることなく、続いているのはスイミングで仲良くなったお友だちのおかげ。きっとひとりでは続いていなかったかもしれません。進級を争い、ときには励まし合いながら、毎週がんばって通っています。

泳げるようになったこともよかったことですが、幼稚園や学校のお友だちとはまた違う環境の友人ができたこと。小学校へ入ってからはひとりでバスに乗り、駅から電車に乗り換えてクラブへ向かいます。ひとりで行動することもまたいい勉強になっているようです。

ピアノも3歳からはじめました。おもちゃのピアノがとても気に入っていたので、習っ

レッスン中、うとうと。

ピアノのおけいこ

てみようということになったら、いいタイミングで近所によい先生がいらっしゃるとの紹介を受け、トントン拍子にいろんなことが決まりました。これも出会いなんでしょうね。

先生はとても厳しく、クラシック一筋。ほかの音楽をなさりたいなら、わたしでは駄目よときっぱり。思い描いていたピアノの先生像そのものでした。わたし好みだったのです。

さて、いざはじめましたら、最初は喜んでピアノに向かっていましたが、先生に慣れてくると、鍵盤に手は置くものの、目は閉じているということが何度もありました。娘には緊張感というものがないのかしら。ひやひやどきどき、親のほうが緊張しておけいこにつきあっていました。

絵本を読む

自分で声を出して読みたがるようになりました。

まだまだ文字はしっかりと読めないのですが、きっと幼稚園で先生がこんなふうに読んでくださっているのかなと思わせるような口調です。ぬいぐるみを自分の前に並べてすわらせ、読み聞かせのふり?!

それもひとりでこっそりと。わたしがみるのは嫌がります。

そのうちにだんだんと文字がはっきりと読めるようになって、自信満々でわたしにも読んでくれるようになりました。大人の用事につきあってもらうときなどは小さな絵本や折り紙、ノートを持ってでかけると、少しのあいだはそれで遊んで待っていてくれます。

夜寝る前の読み聞かせはできる限り続けていますが、最近は読みすすめるうちにこちらのほうが先にダウンすることもしばしば。ごめんね、カノコ。

絵本が好き

ぬいぐるみに読み聞かせ。
誰にも見られたくない
内緒の遊びのようです。

わたしのワンピース、かくれんぼ
絵や色具合がきれいでかわいい本が大好き。まずは絵からはいり、だんだんとお話の中身を理解していきます。大人でも楽しい本です。

5ひきのねこのゆめ
手のひらサイズの絵本。
これはずっと好きな本のひとつ。

ミッケ
これは6歳ぐらいになってはまった本。

飛び出す絵本
仕掛け絵本と呼ばれるもの。立体的に絵が飛び出し、たくさんの扉やスライドさせて動く仕掛けがたくさん詰まっていますから、子どもたちは必ず釘付けに。

おひめさまごっこ

ハロウィンの日、近所の友人が変装して出かけようと誘ってくれました。アメリカ軍の基地にお勤めの方が住んでいる池子ハウジングへ行くと、それはそれは別世界。

各家々がハロウィンの装いで、玄関先でキャンディやチョコレートをくばってくれます。子どもたちは大はしゃぎ。

わたしでもちょっとびっくりするようなおどろおどろしいお化けのかっこうの人がいても、お化け屋敷ふうな飾り付けの家でも、どんどんはいっていきます。

この日の娘の変装はおひめさま。ソニープラザでハロウィンコーナーにあった眠りの森の美女ふうドレスを買い、きらきら光るステッキを持ち、金髪のロングウイッグをつけて颯爽と出かけました。

昨年お誘いいただいたときには急だったこともあって、猫顔のメイクと、黒いミニのジャンパースカートに赤いマフラーをしっぽに見たててぬいつけて出かけたのですが、それくらいじゃ生温いと本人は思ったのでしょうね。この年にはかなり気合いがはいっていました。

「リアムくんのママ、誘ってくれるかなー」とずっと心配していましたし、どんなかっこうをしていくかもかなり長いあいだ悩んでいたようです。

お誕生日より、クリスマスよりもハロウィンが待ち遠しい。ちょっと言うことを聞かなかったりしたときには、「あれ、今度のハロウィン、それじゃ誘ってもらえないんじゃない」なんていうと、シャキっとしたりしますから、娘のなかではなによりも楽しみのイベントになりました。

それ以来というか、ちょうどその年頃に、やっと女の子らしい遊びが加わった感じです。家でもレースいっぱいのペチコートをはいたり、お土産にいただいたレースの髪飾りをつけたりしておひめさまごっこをしています。お人形の着せ替えにも興味が出てきました。

ハロウィンは楽しい

急遽揃えたハロウィングッズ。これを買って猫に変装することに決めました。

カボチャのケースは、お菓子入れに。これが満杯になるまで歩き続けました。

プラザで購入。ほかにシンデレラ、ピーターパン、白雪姫などの衣装がありました。

家の前でお迎えを待つあいだも来る人、通る車をいちいち止めては仮装姿をご披露していました。会場に着く前から大はしゃぎ。4歳の秋。

口答え、うそと成長痛

ただ「いやいや、だめだめ」だった娘が突然、「だってこれ好きなんだからしょうがないじゃない」とか、「これくねくねしていて気持ち悪いから嫌い」とか、ちょっと口答えするような会話が出てきました。「つべこべ言わずにやるの！」なんて言ったりしはじめている自分にも驚いたものです。

それから今まで裸で部屋のなかをかけまわっても、海でびしょぬれになってパンツ一丁になっても平気だったのが、やはり突然恥ずかしがるように。子どもだからいいんじゃないとこちらが思うことも、娘のほうがついてきてくれなくなっています。

うそを言ったり、隠し事をするようにもなりました。都合が悪くなるとおなかが痛いと言ってみたり、やってはいけないと言われている約束をやぶってしまってもやってないよと言い張る、きっとこれは怒られるであろうことをやってしまって隠したり。たとえばモノを壊して隠すとか。

まだまだかわいいうそと隠し事なんですが、ちょっと大人に近づいている気がして、まだそんなことしないでーって心のなかで叫んでいます。

うそを言ってみんなを困らせるようなことはしてはいけないと言い聞かせました。続けると今度はみんなが信じてくれないよ、と。ほら吹き小僧の絵本がかなり効いたようです。

これはうそをついた話ではありませんが、うんちがしたくなると、ギュッとおなかが痛くなるようで、おなかが痛いと言っては先生に心配をかけてしまうことが続きました。おなかが痛いのはうんちの合図だよ、と教え、先生にもそのときにはトイレに行かせてください と頼みましたら、問題解決。

また、ひとつ年上の幼稚園のお友だちが夜になると足が痛い痛いって言うのよという話を聞いていました。そのときには筋肉痛かななんて湿布薬を貼ったりして通園していましたが、最終的な診断は成長痛なのではということでした。

わたしが中学生の頃、友人たちがひざが痛いとか、足の裏が痛いとよく言っていて、夜になると骨がぎしぎし言うんだよ、とも。わたしにはなかったけれど、これが成長痛と思っていました。こんな小さな子どもにも成長痛があるとは思ってもみませんでしたが、考えてみればこの頃の子どもの背の伸び方や体重の増え方は尋常じゃありませんもの。納得しました。

そしてそうこうするうちに我が娘にも成長痛らしきものがやってきました。夜寝る前になると足の指が痛いとか、かかとが痛いと言い出します。

でもすぐに眠りにつける程度のもので、そして翌朝にはケロリとしていますから心配はないと判断。今は病院へ通うことなく、様子をみているところです。

幼稚園の運動会の入場門と退場門に、
キャラクターらしき絵があり、
先生から9時になったら、ネコバスの門に
集合してくださーいと言われたけど……。
何？ネコバスって。
両親ともにキャラクターに弱いもので、
子どもたちが喜ぶものが大半わかりません。
宮崎駿作品をみてみたら、
ありました、ありました。ネコバスが。
夫の出張先まで電話をかけて、
「ネコバスってね」と興奮して
報告したことを思い出します。

第7章

4歳から5歳

年中から年長

進級して春から紺色のブレザーと赤いタータンチェックのスカートの制服で通園です。年少のときにはピンクや水色のフリフリスモックでしたので、いかにも幼児っぽい、かわいい幼い印象でしたが、制服を着るとぐっとお姉さんっぽくなるものですね。

毎日体操着を持って出かけ、園につくと着替え、帰るときにまた制服に着替えます。持ち帰る体操服は最初ぐちゃっと袋に押し込んでありましたが、少しずつたたまれて帰ってくるようになりました。そのことをほめるとうれしそうです。

年中後半になりますと、家にはいるとすぐに手洗い、うがいをし、かばんのなかからお弁当袋を取り出して、流しにお弁当箱をいれておいてくれるようになりました。

これは園ママからうかがった話で、5月生まれの欣ちゃんは年少の頃から次の日のお支度も自分でしていると聞き、娘ははっとしたようでした。しかも欣ちゃんは男の子。わたしもやらなくちゃと思ったみたいですね。ときどき家でのお友だちの様子を聞くのもお互いに刺激になるのかもしれません。

幼稚園は運動会や演奏会、お遊戯会など1年にいろんな行事が続きます。年少の頃は何をしているのかわからないうちに終わってしまうことが多かったのですが、年中ともなると、ぐっと気持ちがはいってくるのですね。目の色がはっきりと違ってきます。

運動会ではかけっこにも力が入り、順位を気にするようになっていました。行進や体操もみんなと合わせることができるように。演奏会は小太鼓の担当。担任の先生は毎年園児とは思えぬほどの作品を仕上げてくることで有名でした。練習はかなり厳しかったようです。お弁当が終わった子から遊びを返上してパートごとに練習をしていました。当日の舞台ではみんなの目線がしっかりと指揮をする先生にむかい、誰ひとりそっぽをむいている子がいません。娘は口を一文字にむすんで、力強く太鼓をたたいています。こんな顔をはじめてみました。子どもたちの真剣なまなざしは涙を誘いますね。

演奏終了後、先生もほっとしたのか泣いていました。それをみてまた泣く母です。子どもってなんでこんなにまっすぐなんだろうと、うらやましくなります。いつまでもこんなきれいな心でいてほしいものです。

けんか

園からはけんかの報告は一度もありませんでしたが、行き帰りにバスに一緒に乗るお友だちとけんかが絶えませんでした。ひとつ年上の男の子から蹴られたり、殴られたり。

2歳の頃からよく遊んでいたこともあってふだんは仲良しなんですが、彼の機嫌が少し悪いと手が出たり、仲間はずれにしたりするのです。

お互いの親がその都度注意してもなかなか言うことが聞けません。でもそんなことをされても娘は彼のことが大好き。子ども同士ってわからないものです。大人の感覚と子どもの感覚の違いを感じる出来事のひとつ。

「今日遊ぼっ」と言われて、「ごめんね、今日はこれからピアノのおけいこなんだ」と言っただけでおなかを殴られたことがありました。そのときばかりはわたしも大人げなく、「カノコやりかえしてもいいんだよ」と言い、娘は泣きながらむかっていきましたが、結局また顔をがつんと殴られて大泣きしておしまい。

目の前で殴られるのを見たのですから、わたしとしてはおもしろくない気持ちにもなりましたが、そこはぐっとがまん。子どもたちの様子をじっと見守るしかありません。ただ度が過ぎる暴力になってしまうとお互いに困るので、遊んでいるときには遠くからでも目が離せない状況が続きました。

園にも一度相談をしましたが、園のなかではまったく暴力がみられないとのこと。彼としても何かストレスになることを抱えていたのかもしれませんし、成長していくなかでそういう時期があるのかもしれない。それにいつ状況が逆転するかもしれないと思うと、わたし自身があわてていてもしょうがない。気長にみていようと。

そんな彼も1年生に。あの暴力はなんだったのかと思わせるほどりっぱな小学生になりました。

そして娘もこのことから学んだのか、彼から仲間はずれにされても上手にかわせるようになり、そしてむこうからごめんねと言ってもらえるようにもなっていました。そしていいよと言ってあげられる。ちょっと蹴飛ばされても泣くことがなくなりました。

こうして社会性を身につけていくのですね。きっと小学校にはいったら、こんなことは日常茶飯事。わたしでなく、娘が解決していけるよう、ときには手をさしのべ、アドバイスをしていかないといけないのでしょう。このことだけでなく、ついつい出しゃばりがちなところを押さえなくては。

4歳の後半には仲間のあいだで意見が合わないと、すねて口をきかなくなるということがしばしばみられるように。

無言の主張なんでしょうけれど、これでは一緒にいるお友だちはたまったもんではありません。部屋のすみでこわい顔してすねているんですから。

でもそこへ親が入っていってはいけないようです。

しばらくするとちょっとお姉さんの役割のお友だちがなんらかのきっかけを作ってくれたり、がまんしてくれたり、折れてくれたり。

ヒヤヒヤドキドキはまだまだ続きそうです。

おでかけと遊び

電車でおでかけ、がずいぶんと増えました。ふだん車移動がほとんど、長い時間になるとシートベルトに縛られてすわっているのがつらくなってきました。トイレもでき、ちょっとおとなしくすわっていられるようになったり、立っていられるようになりましたから、バスや電車に積極的に乗ってみることにしました。実家の長野まで帰るときには新幹線にも乗ります。乗り換えがあったり、ほかのお客さんの様子がみえたりするのでまったく娘は飽きません。

飽きたときには騒ぐことなく折り紙をしたり、あやとりをしています。それから新幹線のなかではお弁当を食べる、飲み物やお菓子を売りにきてくれるお姉さんがいる。そんなことがとても刺激的です。わたしも荷物が少なくなったので気が楽になりました。

飲み物も自分で選んで飲みたい、お菓子も買ってみたい。

ふだんしないことをおでかけのときにできる喜びもあるようなので、さらにわたしは身軽になりました。

4歳になって遊びへの集中力も、すこしずつ変化してきました。本は昔話や童話など話の展開がすすむものを好むようになりました。集団ではいすとりゲームや鬼ごっこ、ドッジボールのようなルールの中当てゲームをしています。グループになるとお店屋さんごっこやおうちごっこ、これはおままごとのようなものらしい。家族構成を決めて会話をしているそうです。わたし相手にはしてくれない遊び、みることを嫌がるので話だけ聞くとそんな感じらしいのです。

ボールつきも何回できたぁーなんて数を競っていましたね。そのうちに歩きながらついたり、一回転してみたり。はじめから上手にできたわけではありませんが、時間をかけてずいぶんとがんばって続けていたら、日に日に上達していました。

これは親が手取り足取り教えずに、ひとりでもくもくと取り組んだはじめてのこと。すっかり自信をつけたようでした。

4歳から5歳の遊び

園では歌遊びが流行っているようで、アルプス一万尺やおちゃらかホイをうちに帰ってもわたしを相手に何度も繰り返しています。おかげでわたしもものすごい早さで手が動くようになり、これは脳の活性につながるかもとひとりほくそ笑んでいます。

4歳後半、うちでひとり遊ぶときには縄跳びに凝っていましたね。朝起きると跳び、園バスが迎えにくるまでのほんの少しの時間でも跳んでいました。

木登り
とにかくのぼったり、ぶら下がることが大好き。目を離すと、壁や木、標識にのぼるか、ぶら下がっているかどちらか。元気な証拠と思いますが、場所によっては恥ずかしいことも多々あります。4歳の冬。

茶道はじめる

近所の公民館で、親子でお茶のおけいこができると聞き、さっそくうかがいました。正座をしていられるか、抹茶は飲めるのか。未知の世界でしたが、まずは体験してみようと。

行ってみますと子どもは小学生ばかり。あぁこれはだめかと思いましたが、せっかくなのですわってみました。

あれ、案外じっとしている。お菓子が出たとたん目が輝き、さらに集中。食べたい一心で先生から所作を教わり、そして母よりも堂々と碗で抹茶をすすっていました。気に入った様子。わたしはというと、娘のことばかりが気になって、抹茶の味もわからないまま終わっていました。ハァー。

帰り道、「また行こう」、先生の着物姿をみて、「自分も着たい」、娘の欲求はつきません。お茶はずいぶんと前から習いたいと思っていました。若かりし頃に、お茶室で恥をかいたことがトラウマになり、遠ざかっていたのですが、40を過ぎた頃から、所作やしきたりだけではなく、もてなしの心を学びたいと。

月に一度の親子のおけいこからはじめます。

初釜、初体験。3歳のお祝いに着た着物に、刺繍の作り帯を締めて。4歳の冬。

母一息つく

4歳になって、たいへんたいへんと言っていた時期から少し脱した感じがします。自分のことは自分でできるようにもなってきました。もちろんすべてではないけれど、つきっきりでなくなったことがそんな気持ちにさせてくれたのかもしれません。トイレに誘導し、座らせることもなくなりました。着替えも時間はかかりますが、ひとりで。くつもはけ、歯もみがき、顔も洗える。お風呂も先に入って湯船のなかで遊んで待っていてくれる。気がつくと、ひとり遊び。もちろん毎日とはいかない。つきっきりにもどるときもありますが、べったりとそばにいる時間が確実に短くなってきているのです。まっ、だからといって自分の時間ができたかというとそうでもない。子ども自身に生活リズムができて、大人には気持ちに余裕がほんの少しできただけ。

出産から手探りでぐぐっと息をつめて突っ走ってきた感じが、ここですうっと背伸びして大きく深呼吸できたような気がします。母にとってはほっと胸をなで下ろし、子どもの成長を喜ぶ幸せな瞬間です。

大人と会話ができるようになったことは少々さみしい気もしますけれどね。だからか、まだはっきりと言えない言葉があると、あえて直さずに聞いてしまっています。たとえばテレビはテビレ、線香花火ははなびせんこう、なかまあて（幼稚園でのドッジボール遊びは中あて。ちょっと怖い！）、あかちゃん言葉ではないけれど、くすっと笑って聞いてしまう言葉がいくつか残っています。

正直「かわいい、かわいい」で育ててきてしまいました。ほめて育てよう。なんとなく夫婦のなかでそうしていました。

トイレから出てくると、よくできたね、いい子だね。

泣いていると、泣いた顔もかわいいねぇ。

今日の髪型いいね。洋服が似合ってる。

たくさん食べたから大きくなったみたいだよ、すごいね。

寝顔にまでかわいいなぁって。

いちいち「いい子、かわいい」が口から出てしまいます。

年齢的にもギリギリのラインで産んだからでしょうか、ちょっと孫のような感覚でもあります。

そんなことを友人に話しましたら、親ばかにでもならないと、子育てなんてやっていられないよって答えがすぐに返ってきました。

ごもっとも。そうよね、親ばかって悪くないかもと思うこの頃です。

4歳年上の未海ちゃんと。地元のお祭りでお神輿をかついだり、山車をひいたり。海辺ならではのお祭りで最後は御神輿が海へ入っていきます。3歳の夏。

第8章

5歳から現在まで

ひとりでやりたがること

なんでも自分で自分でと言い出してから、大人のまねごとをいろいろとしてきましたが、今度は「ひとりで歩いて公園に行く、海に行く」をしたい。こっそりとひとりで。

二度ほど、だまって公園や海に行ってしまい、大騒ぎになりました。おばあちゃんと留守番中だったものですから、もう母は真っ青になったといいます。そのときにはかなりきつく言い聞かせたつもりでしたが、また海までひとりで歩いて出かけていました。

せめて行ってくるねって言ってと言い聞かせても、それじゃー意味がなーいってな感じ。とにかく公園や海が目的でなく、冒険したい気持ちらしい。

その冒険心も大事だなとは思うものの、ちょっと危険が多すぎる時代。どうしたものかと悩みます。

そんなとき、ひとりで道を歩いていたら突然薬を顔にかけられて大やけどを負った方の事件を追うテレビ番組があり、娘と一緒にみました。娘もはっとしたようです。あまり危

大事件!!
カノコいなくなる!!

私が仕事でおばあちゃんと留守番中、ふと目を離したすきに「カノコがいない！　どこにもいない！」

家の中をさがすけどいない！

近所の公園でひとりで遊んでいた。「ダメ！」とものすごく怒ったのに、ひと月もたたないうちに……

またおばあちゃんと留守番中いなくなる。公園にもいない！

近所の人から「カノコちゃん、ひとりで海に行こうとしてたよ」との電話がある。

ぽつんとひとり、海で遊んでいた!!

険なことばかりを聞かせたり、見せてしまうのも子どもにとっていいこととは思えないのですが、とりあえずひとりで飛び出してしまうことはおさまりました。

そんなこともあってこちらもひとりで行動できるようにと、積極的におつかいを頼んだり、外出先でつきあっていたトイレもひとりで行くようにしたり。とびらの外で待っていると、カギのしめ方がわからないとさけびます。そう、トイレの使い方は様々。鍵や水の流し方がわかるとうれしそうです。

「トイレを貸してください」「トイレはどこですか」、スーパーで試食があれば「食べていいですか」「ごちそうさまでした」などなど、聞きたいこと、お願いしたいことがあれば親を通してではなく、自分でする。顔見知りでない大人と会話することは娘にとっては冒険になるのかしらと。

スイミングのときにも着替えはいっさい手伝わず、ロッカーの外で待っているようになりました。ロッカーもお金をいれて鍵をかけ、鍵のバンドをうでにはめて満足そう。ただ時間がかかる、かかる。待つこともまたたいへんです。

子ども部屋

決まったおもちゃの置き場所はありましたが、これまでは娘の部屋というのはつくっていませんでした。5歳を過ぎて、引っ越しが重なったというのもあって、子ども部屋をつくりました。

衣類から、おもちゃなど、娘のものはすべてその部屋に。寝ることもそろそろひとりでも大丈夫かなと聞いてみましたら、三段ベッドだったらひとりでもいいよなんて言ったりして、結局は小学校からはひとりで寝ると宣言。寝床だけは大人の寝室でということになりました。

えんぴつやクレヨン、色鉛筆、ノート類などの文具も増えたので、それぞれを収納する引き出しを買い、引き出しのなかはぐちゃぐちゃでもいいから、振り分けて片付けると便利だよと教えました。

着せ替え人形の服や小物の段、人形本体の段、折り紙の段、筆記用具の段、ノートやスケッチブックなど書く紙の段、はさみや糊などの段、かるたなどカード類の段、おうちごっこの道具の段、手紙の段。ひとりっこなのに、どうしてこんな引き出し一つひとつに分けないといけないくらいものがあるのか。

おさがりやいただきものが重なったり、お友だちがきたときにみんなで使えるようにと自ら増やしてしまったりしているうちにふくらんでいきました。

この年になれば、たとえばはさみをひとりが使っていたら、終わるまで待つこと、貸し借りをし合うことができます。それができないときだって、それが原因でけんかになったり、競い合ったりしてもよかったのです。大人が穏便にすませたいがために、ものを増やしていました。

そんなふうに都合よく、大人が決めた収納はまったく機能しません。

それはそれは散らかし放題。お友だちがやってきた日は何して遊んだのっていうくらい、足の踏み場がないほどものが散らばっています。「引き出しからひっぱり出す、広げる」が遊びだったりするんですね。

そして一通り散らばると今度は動ける場所がほしくなり、知らないうちに寝室に侵入したり、廊下にまでおもちゃが散乱したり。子ども部屋だけではまったく納まりません。

撮影のために散らかしたわけではなく、ふだんの状態です……。

片付けられない……

収納その１　本棚
知人に作ってもらった本棚は絵本を納めるのにいいサイズ。片付けやすいのです。せっせとわたしが本を並べかえたり、入れ替えたりしています。右隣は木工作家の方に注文してまで作った子どもキッチン。これがまったく使わずじまい。なので最近はあふれた本がキッチンにまで並ぶことになりました。

収納その２　洋服
服や下着、靴下など身につけるものはほぼわたしが管理。娘がしまうことはまだありません。自分で選んで服や下着を着てきなさいというと、引き出しから、かごから余計なものまで引っ張り出して、その後は、クローゼット前に服や下着が散乱。おもちゃ同様なぜか散らかす。

収納その３　引き出し
いったんは文具、人形の着せ替えの服や小物、折り紙、粘土なんて仕分けしてみた引き出しですが、あっというまに引き出しの分類は機能せず、ただただものが突っ込んであるだけとなりました。

お友だちが来た日はわたしが手伝って片付けますが、ふだんは娘にまかせます。ですから、ほとんど片付いていることがありません。片付けることの習慣もつけたいところですが、どうして片付けるのかがわからないとなかなか進まないのではと思います。ものが所定の場所にないと、アレがない、コレがないがしょっちゅう。だから片付けようねとその都度言って聞かせるのですが……。

わたしの幼い頃のことをよく思い出すのです。母にだらしがない、だらしがないとよく叱られました。でも片付けができません。イヤイヤやる。叱られるからする。それがあるとき机の上や引き出しのなかがすっきりと片付いたとき、うわぁ気持ちがいいーって感じたのをとてもよく覚えているのです。それから少し片付けが進むようになりました。

もちろん親のしていることも子どもはよくみていますから、子ども部屋の前に自分たちのものは片付いているのかが問われますよね。娘に小言をいう前にまず自分のまわりを見渡してみる。ハッと気がつく毎日です。

片付けの続き

なかなか片付けが進まない娘に、ひとつ課題を出しました。園バッグのなかの片付け。あくまでわたしの想像ですが、帰り支度のときにおしゃべりに夢中で、手が止まり、先生とのあいさつのときにあわててタオルやコップ、その日に持ち帰るものをリュックや手提げに放り込む。そんな様子が手に取るようにわかります。

帰ってきたときのかばんのなかはぐちゃぐちゃ。

コップがコップ入れの袋に入っていることはありません。タオルやスモックはまったくたたまれることなく、ぐちゃっとまるまって突っ込んである。着替えの体操服は少し前からたたむことを約束しているので少しマシになってきたけれど、そうもいかない日もあります。

本やノートのむきもバラバラ。ひどいときにはページがめくれあがっていて、ビリビリに切れている。ポケットのハンカチは何をふいたのか無惨な色でくしゃくしゃに。あると

葉っぱ、小枝、小石、
大きな石、砂、ブロック、
だんご虫……。
洗濯機に放り込む前に、
ポケットからザーっと
砂がこぼれて
何度驚いたことか。

きはびしょぬれのハンカチをいれて帰ってきたので、かばんの中がすべて湿っていたなんてことも。開けるたびにため息が出ます。

　部屋の片付けの前にかばんのなかからはじめることにいたしました!!!

　まずは、「たたむ」から。朝、寝間着をたたむことを続けているから、「たたむ」はムリなことではないはずなんだけれど……。

　上手にリュックにおさまってなくても、たたんだ形跡があれば、ほめてあげることを続けています。

風邪予防

幼稚園にはいった頃から冬は風邪とインフルエンザ対策。うがい薬を使い、薬用せっけんで手を洗うことを徹底するようになったからか、娘もわたしも風邪やインフルエンザにかかることなく過ぎました。

娘のうがいもとても上手になり、うがい薬を嫌がらずに使ってくれ、助かります。それからマスクも必需品。玄関に使い捨てマスクの箱をおいて、外出の際にさっとつけます。

4歳の頃から季節のかわりめにゼロゼロする喘息症状の喘鳴《ぜんめい》が出はじめました。軽い小児ぜんそくとの診断。ただ、スイミング効果か、だんだんと症状が出る回数が少なくなってきました。

わたしも少しでも寒気がすると背中と胸にホカロンを貼ります。そして足湯。しょうがをたっぷりとすり、レモンをしぼり、熱湯を注ぐ。はちみつで甘味をつけたしょうが湯を熱いうちに一気に飲むと身体がほかほかしてきます。

そして何よりも早く寝ること。娘も喘息症状が出るのは季節的なアレルギーに加えて、疲れがたまっているとき。睡眠が一番。

自慢じゃないけど、出産してからは数年前にインフルエンザに一度かかったくらいで、寝込むような風邪はひいていません。母強し。

娘とわたしがこんなに徹底しているのに、風邪やインフルエンザをもってくるのは夫です。地方や海外を飛び回る仕事ですから、しかたがないとは思いますが、たいてい夜更かし、飲み過ぎのときに限って熱を出すのです。一番手のかかる大きな息子がうちにはいる。

年長のときの演奏会前日、娘発熱。インフルエンザでした。たくさん練習して、それはそれは楽しみにしていたのに。開演のあいさつの大役も仰せつかっていました。残念のひと言。

このときばかりは夫につらくあたってしまいました。ただ後日にこんなメールを幼稚園のママからもらい、ひとりでプンプンと怒っていた自分が情けないやら、恥ずかしいやら。

「今日幼稚園でカノコちゃんに会いました。わたしの顔を見るなり、飛んできて『カノコのかわりに○○ちゃんがはじめのあいさつしてくれてありがとう』って。きっとあいさつも演奏もできなくて悔しかったでしょうに、ありがとうと言ってくれたんです。涙が出るほどうれしかったよ」

パパごめん。娘のほうが大人でした。

あまり風邪で寝込むことがないので、説得力にかけるかもしれませんが、予防になっているであろうレシピを記します。

冷凍みかん
熱があるときによく熟したみかんを半冷凍にして食べます。みかんの缶詰も冷たくして食べるとおいしいです。

風邪予防
うがいは市販のうがい薬で。インフルエンザの流行時には欠かせません。外出時もコップと一緒にポーチに入れて持ち歩きます。

鶏のスープ

材料と作り方

❶手羽先6本と2リットルの水を鍋にいれて火にかけます。

❷ふつふつしてきたら弱めの中火にし、アクをていねいにとりながら20分ほど煮てそのまま冷まします。

❸冷めてから手羽をとりのぞき、塩やナンプラーで薄く味をつけます。

あたためてそのまま飲み、刻みねぎやしょうがを合わせるとさらに身体があたたまります。手羽は骨をはずしてほぐし、スープの具に。

おかゆあんかけ

材料と作り方

❶米1合に対して10倍の水を合わせて火にかけ、ふつふつしてきたら弱火にして30分ほど煮ます。

❷途中こげないように何度か混ぜながら煮て、塩少しで味付けします。

❸出汁1カップをわかし、しょうゆと塩で薄く味をつけ、くずまたは片栗粉を水でといて、出汁に合わせてとろみをつけます。

❹器におかゆを盛りつけ、あんをかけます。

煮込みうどん

材料と作り方

❶出汁１カップ半をわかし、ゆでうどん１玉をいれて煮ます。

❷うどんがやわらかく煮えたら、長ねぎや油揚げ、お麩、青菜などをいれてやわらかくなるまで煮て、しょうゆ、塩、みりんで薄く味をつけます。

❸最後に溶き卵をまわしかけて好みの加減に火を通します。

すりおろしりんご

材料と作り方

りんごを冷やしてからすりおろします。そのまま食べてもよし、ヨーグルトなどに合わせてもおいしい。熱があるときに冷たいりんごの味がうれしい。

かわいい言葉の数々

子どもたちの言葉には宝ものがいっぱい詰まっています。それを一つひとつメモしておきたいと思うものの、なかなかままならないのが現実。それでもいくつかスケジュール帳に書いていたので記します。

薄くなった三日月をみて「ママのつめみたいだね」、アレしなさい、コレしなさいが続いたとき「なんで大人っていいばってばかりいるの？」、カラオケにはじめていったとき「音楽に包まれてるみたい」、補欠のことを「ほっけ、ほっけ」……。ちょっと疲れたときや、どうしてうちの子って思ったときに、この言葉集を思い出すと救われます。

ちょっと話はずれますが、いつまでも親が幼児言葉を使うのも考えものだと反省しました。ワンワン、ニャンニャン、ブーブー、ピーポー、あんよ、お手てなどなど、もう園児だというのに、こちらが赤ちゃん扱いしていたら、「ワンワン＝犬」ということをわかっていなかったことにびっくりして、親が恥ずかしさで真っ赤になったことがありました。

(ゴマを見て) おばあちゃんの おへそから とってきたの。
葉っぱって あったかーい。赤い葉っぱは 燃えているの？
大きくなったら くーちゃんが ひざの上にのって くれますように (七夕のお願い)
クモじゃなくって モクモクって感じ。綿菓子みたいに 甘いのかなー？
(のぼり棒を のぼって) 空に突き 抜けるー!!

はじめて母泣く

5歳になりましたら、急に顔が幼児ではなくなり、少女の顔つきになり、身体もまだ多少はおなかが出ているものの、上にスキッと伸び、手足のぽっちゃりした感じがいつのまにかなくなっていました。

園でも一番の年上となり、お姉さんの風格。年下のお友だちの面倒をみる場面も増えます。そうなると口のほうも達者となり、何か頼んだり、注意したりすると必ず「そうじゃない」「だから」「だって」が強い口調でかえってくる。屁理屈！

加えてまったく返事がない、最初はやさしく、5回目、6回目になってくると、やや語尾がきつくなり、10回言っても返事なし、反応もなしのときにはそれはそれは大きな声になっています。

そうなってから動き出すのはいいほうで、まったく動じないときがある。親の言葉が耳に入らないのか、言葉がただ流れてしまうのか、それともこれは反抗なのか。

あるママは「ほんとに耳にはいってこないらしいよ、だから必ず目と目を合わせないとだめ。そうじゃないときは声をかけても無駄と思っているの」と話してくれました。

そんなことが続くなかで、ひとりだまって公園や海へ出かけてしまったり、すんでいないことをやったと言ってみたり、ルールや約束事を守れなかったり。

振り返ればささいなことですし、まだ幼稚園児。そんなにきっちりと親のいうことが聞けるわけはないと思いながらも、積み重なると「どうしてっ」となってしまう。

ふだんならちょっと娘に対してイライラしたり、怒ったときにはまず自分が落ち着こうと、ひとりトイレにこもったり、ベランダに出て風にあたって、怖い顔をもとに戻してまた娘と向き合うようにしていました。

ですが、仕事がうまく進んでいなかったり、掃除洗濯ができていない、部屋が散らかっている。やるべきことができていないときは自分自身に余裕がない。

切羽詰まった状態っていうんでしょうか。そういうときに限って子どもが落ち着かないってことはよくあること。それは重々承知しているし、これまでもそんなときはよくあったけれど、なんとか切り抜けてきました。

それがここにきて爆発。

ある日朝から母娘のけんかとなり、わたしが大泣き。涙が止まらなくなりました。娘の前で泣くなんてはじめてのことです。それはほんとうにささいなことでした。朝の支度ができていないのに、テレビを見はじめたことにまずカチンときて、早く着替えなさい、トイレに行きなさい、顔洗ったの、ごはん早く食べなさいと、まくしたて。またそんな口うるさい自分にもなんだか腹がたってしまったのです。

それでも娘は知らん顔でした。「今日の参観に行かないからね」と子どものようなことを言ってしまい、「いいよ、ひとりだって大丈夫だもん」と言い放って出かけた娘。

それでも親子で制作がある参観日にひとりでは不安かと、父親が仕事をやりくりして出かけました。夫が娘に「ママどうして来ないの」と聞くと、「怒ってた。ひとりでも平気だったのに、なんでパパ来たの」って言われてしまったらしい。園ママにも「それって子どもの思うつぼよ、意外にせーせーしてるんだから」と言われてしまい、夫とふたりで脱力。そうか、娘のほうが上手《うわて》なのね。そう思ったら、急に力がぬけていきました。

夕方、わたしも機嫌を直して娘を迎えに行くと、「あれっ、ママ来ないって言ったのになんでー」と言いながらもうれしそうな顔をみたら、なんだかバカらしくなってまた涙が出てしまいました。

その日からだめっていう言葉を封印。ごはん前にお菓子を食べようが、夜遅くまでテレビをみていようが、どうぞどうぞ、いいよ、いいよと言っていたら、娘のほうが拍子抜けしたみたいで、だめって言われることをやらなくなりました。わかっていたんですね。家事も仕事も自分の思い通りにいかず煮詰まっていたことが原因だった騒動でした。

事情を知ったママ友からは、そういうことなんてこれからたくさんありますよ、一回くらいでそんなに泣いてちゃ気が遠くなりますよって励ましの電話。

わたしより16歳も年下の彼女にはいつも助けられてます。何かちょっとでも困ったと思うとすぐに話す相手。何度救われたことか。

たまたま仕事で連絡をくださった先輩ママでもある編集者の方にも朝の出来事を話したら、鼻でフンと笑われて、あなたが忙しすぎるからよ、ただそれだけのことと一喝。

ふたりに話しただけでなんでこんなに気持ちがスッとするんだろう。こういうときに話せる人がいること。アドバイスがあってもなくても、聞いてもらえることって大切なんですね。しみじみと感謝。

後日このことをある編集者に報告しましたらこんなメールがきたので記します。

「ちょっと大人への階段を昇ってしまったのかもしれないですね……
息子も5歳になろうという頃から急に『男の子っぽく』なったというか、
今まで友達に負かされっぱなしで平気だったのが、急に悔しがったり
優位に立とうとして威張ったり、口のきき方も生意気になったりして
困った時期がありました。
5歳を目前にして自転車に乗れるようになったり運ていができるようになり、
自分に自信がついたのと同時に優越感や劣等感も芽生えたようで……
保育園の先生には、
『急に変わったのではなく、今まで現れていなかった性質が表面化して
きたんですよ』
と言われましたが、親としては『うちの子、こんな子だったっけ？』と
戸惑いました。
親の想定の範囲外に飛び立つ、すなわちこれが自立の第一歩なのでしょうか？？？
5歳というのは『少年・少女』の世界への門をくぐる時期なのかもしれないですね」

性格がみえてきた

5歳になって娘の性格、長所や短所みたいなものが少しずつみえてきました。まだまだ先は長いですから変化も発見もあるでしょうが、いったんここでこんな子どもですと言える、言葉で表現できるようになりました。

園にはいるときに子どもに関する調書のようなものを提出しますが、うまく書くことができませんでした。

好きなこと、嫌いなこと、困っていること、などなど、なんとなくこんな感じというのはありましたけれど、言葉で書くのはむずかしかった。こんなにずっと一緒にいるのにって思ったものです。

かなりマイペースで、まわりの人を自分のペースに巻き込んでしまうところあり。集中するときと、まったくそれができないときの差が激しく、やるべきときに、まったく別のものに目がいってしまったら、どんなに言葉をかけても聞こえない。

どんな場面、どんな状況でも自分なりの楽しいことをみつけて、楽しむことができる。たとえば気がすすまない両親の買い物につきあわなければならないとき、お友だちとの遊びのなかで自分がやりたくないことがはじまってしまったとき、さっと気持ちを切り替える、少し時間がかかることもあるけれど、最後は楽しむ。

あれっ、これってまるっきり父親と母親の性格じゃない!!!

あーあ、と思うことは自分のことでもあるのです。まぎれもない親子なんですねー。

性格は小学校へはいるとまたさらにいろいろ見えてきます。

幼稚園のときにはどこか友だちを親が選んでしまったような感じがあります。学校へはいると友だちは自分でみつけてきます。そして勝手に遊びの約束をし、学校から帰ったらそそくさと遊びに出かける。

好きな友だちの性格や性質がわかると、娘の好みがわかっておもしろいもんです。

娘は学校の宿題をわたしがきつく言わない限り、自分から進んでやることがありません。これにホトホトまいった頃、義理母に思わず愚痴りましたら、

「あらカズヲさん、そんなことで怒っちゃだめだめ。タカユキ（夫のことです）なんて小学校の1年生のときずっと砂場で穴を掘っていてクラスに戻らないもんだから担任の先生か

立てるようになった1歳の頃から柱のキズならぬ、板に成長のしるしをつけるようになりました。借家のため、勝手にキズをつけることもできず、夫がアレコレと考えたすえに180センチの細長い板を用意して、そこに家族と友人たちの背たけの記録をするようにしました。

子どもの成長は早いですね。1年間で5、6センチ、いやもっと伸びる子も。我が娘の成長だけみていても本当に驚くばかり。板に背中をくっつけて、頭の上で線をつけると大喜び。飼い猫の背までも計りたがります。

ら電話がきてお母さんどうにかしてくださいって言われたけど、わたしあの子にはなんにも言わなかったよ、だって大人になるまで穴掘ってることないでしょ。だから先生にもそのうち飽きて授業に出ますから心配しないでって言ったの。だって穴掘り見に行ったらほんとに楽しそうだったんだもの」ですって。

わたしは一晩寝込みたい気分となり、娘はその話を聞いてニンマリ。娘には確かに父親の血が流れているようです。

夫のこと、父親のこと

夫婦になって17年めに子どもを授かりました。

その頃には夫婦というよりはお互いに好きな仕事をして、好きな時間を共有するという同志のような存在になっていましたので、子どもが生まれてからはあらためて家族になった気がします。へんな言い方ですが、わたしの夫ではなく、娘のパパという意識のほうが強いかな。

さてさてそのパパがなーんにも手伝ってはくれません。というか積極的じゃない。おむつを取り替える、お風呂にいれる、ミルクを飲ませる、どうしてもお願いと言って頼まない限り、「かずをー泣いてるよーっ」て声がかかる。手が離せないときにはやってちょうだいって言ってもいい顔をしない。何度殺意を抱いたことか！

友人たちに聞くと、もうどうにもならないくらい子どもが泣いたり、わめいたりすると、どうしてって子どもにあたりたくなってしまうことがあると聞きます。それがわたしにはまったくなくて、夫に対して怒りや、憎らしい気持ちがふつふつわいてくるのでした。

何度となく、どうしておむつくらい替えてくれないのって聞いたことがあります。不器用だから上手にできなくて娘がかわいそうだと。そのときにはまったく理解できずに、ますます怒りがこみ上げてきて、聞くんじゃなかったと後悔もしたり。

でもよく考えてみれば、ふだんの家事もいっさいしない夫が娘が生まれたとたんに、世話を焼くなんてことは無理だったのです。

セロテープやラップを一度に貼れない、何度も何度も丸まってしまうくらいの不器用な夫が、うまく娘のお尻を拭いてあげられるわけがありません。

加えて、まったく気がきかないタイプ。玄関先にゴミをまとめた袋がおいてあってもまたいで出かけてしまう人ですから、娘の様子を見ながら先回りしてトイレは大丈夫か、おなかすいてないかって世話を焼けるはずがない。

17年も一緒に暮らしてきたのに、さすがに子どものことはやってくれるだろうと期待してしまうわたしがバカだったのです。

それに無理にやってもらったあとのフォローのほうが二度手間だったりするものですから、わたしもだんだんと夫には頼まなくなりましたし、やってほしいとも思わなくなっていました。

　でもお風呂ぐらいはと思うでしょ。湯船には一緒に入ります。でもそこまで。そのあと髪や身体を洗うのはわたし。夫と娘が一緒に入り、先に夫が出てきて、バトンタッチ。わたしが入って娘のことを洗い、一緒に出てクリームをつけたり、髪を乾かし、下着とパジャマを着せて寝かせる。わたしはそのあとお風呂に入り直すか、翌朝シャワーですますか。

　書いているうちにあの頃はたいへんだったんだなと他人事のように思い出すくらいですから、過ぎてしまえばあっというまの月日だったのです。

　4歳後半の頃にはわたしが自分の髪や身体を洗って出るまでに、娘は先に出て自分でガウンを羽織り、身体を拭いて、下着とパジャマを着て待っているくらいにはなっていました。6歳になったら急にひとりで入りたいと言い出して、ひとりで洗髪して身体を洗って出てきてくれます。きれいに洗えているかは定かではないけれど、一緒に入れないときには助かります。

「夫とふたりでお留守番」は子どもながらに不安になるようでした。ですから、6歳になるまでに夫と娘でふたりでのお留守番は3回ほど。それも長くて半日でした。どうしても外泊しなくてはならないような仕事のときには、実家の母が出動。娘がおばあちゃんがいれば大丈夫と言ってくれて、国内ですが、旅の仕事をさせてもらいました。

あとあと思ったことですが、娘もうまく口で伝えられないときでした。わたしなら言われなくてもいつものタイミングっていうのがわかってますしね。娘も不安、それにも増して夫も不安でいっぱい、だったらわかる人に頼みたいという気持ちだったのです。

5歳になりましたら、とたんに娘もお姉さんになり、夫と向き合えるようになり、ふたりの時間が増えていきました。わたしから見ても積極的なパパになってきました。娘もパパとはどんなことをしたら楽しいのか、パパのご機嫌とりも上手で、ぐっと距離が近くなった気がします。ふたりで出かける時間が長くなりました。

思えばわたしは10カ月ものあいだおなかのなかで育てて、わたしの身体から生まれてきた我が子ですから、母性は自然とあふれますけれど、パパに父性があふれるときというのは人それぞれなのかもしれないと最近思うようになりました。

顔がそっくりとか、性格が似ているとかだけでなく、どこかでピッとつながるときがくるんですね、きっと。

父性は育てるものなのかもしれません。お父さんってたいへんなんだなとしみじみ思うこの頃です。

仕事のこと

子育てのあいだはしばらくのんびりとしていようと思っていました。ですから保育園をさがしたりもせず、2歳までは育児に専念。ですが、やはり仕事の依頼があれば、あーやってみたいと受けることもあり、その都度実家の母がベビーシッターに。母は誰かに頼むならわたしがみると言ってくれました。

母は長野に住んでいますので、そうそう簡単に行き来はできない。ならばと、月の半分くらいに、ギュッと撮影の仕事をまとめてやり、そのときには母は我が家に泊まり込んでもらうということになりました。

母が帰ると、娘がぐっすりと寝ている明け方や夜に原稿を書いたりというデスクワーク。これがうまくいかずにたいへんでした。忙しいときに限って、熱を出したり、ケガをし

年に3、4冊のペースで本を出版。雑誌や新聞、テレビの仕事も続いており、仕事ができる喜びを日々感じています。こんなに仕事が好きだったんだと、自分でも驚きます。

たり。今日は仕事するぞっていう夜はなかなか寝なかったり。

3歳からはプレ保育に入り、少しだけ昼間仕事ができる環境に。幼稚園もお預かり保育があり、夏休み、冬休み、春休みの長いお休みのときには臨時保育がある園でしたので、仕事をしている母にはとても心強かったです。

今は自分の時間は明け方にとります。夜は娘と一緒に寝て、早く起きる。原稿がたまってしまったとき、撮影の準備がたくさんあるときには3時、4時に起きて、明け方に仕事をするようになりました。ふだんは5時半から6時頃に起きる生活。なにせじゅうぶんな睡眠をとらないと育児も仕事も務まりません。

それからお休みの日は仕事をしない、週末に加えて夏休みなどの長いお休みも思い切って仕事をやりくりしてお休みします。

正直、育児のあいまに仕事をしている感じでした。それでは申し訳ないなと思う気持ちと、それでもできる限りのことを精一杯やろうと思う気持ちが常に交差していましたね。

子育ても仕事も日々手探りの戦い。どちらもうまくいかずに情けない思いや悔しい思いはしょっちゅうでしたが、毎日成長している娘といると、立ち止まることも、くよくよ思い悩むこともできなかった。前にすすむしかなかったのです。

いたずら

友人からロッタちゃんのDVDをプレゼントされました。北欧生まれの5歳の等身大のロッタちゃんがやらかしてくれる数々のエピソード。それをみると自分の娘と重なって苦笑いするのよって。

娘とさっそくみてみると、少しロッタちゃんのほうが幼くみえて、あれ、うちの子って大人っぽいかもと思ったくらい。カノコはこんなことないもんねーなんてのんきに言っていたのもつかのま。それからまもなく、うちのロッタの逆襲がはじまるのでした。

それまではいたずらって感じのものがほとんどなくて、1歳の頃にトイレのウォシュレットで水浴びして遊ぶ、植木の飾りの石をすべてベランダに並べる、各部屋においてあるティッシュの箱からすべてティッシュを取り出す、トイレットペーパーをすべて引き出すとか、なんだかまだ笑えるものばかりでした。しかもそれはいたずらっていうより、こうやったらどうなるんだろうっていう好奇心が強かったように感じたのです。

いたずらいろいろ

米びつからお米をだして
おもちゃのままごと
セットなどなど
器という器にいれて、
部屋中に並べる。

窓という窓の
網戸をはずして、
ベッドに積み上げる。
これはちなみに
小窓の網戸ですけれど……。

板の間の
合わせ目の
すきまに
粘土を塗り込む。

台所のとびらというとびらを開いて、なかから物を出す出す出す。ただそれだけなんですけれどね。
2歳の秋。

我が家のロッタの最近のいたずらは……。

コーヒー豆を缶から出して、箸でつまんで部屋に一列に並べる、押し入れにはいって、こそこそ遊び、あるときは大福を食べ、粉をまきちらす。これはあとあとになってから発見され、粉と餅のかけらがカビカビになっており、新種の虫が発生したと大騒ぎに。

テーブルと椅子の足の縞に掘られた模様と花の模様に粘土を塗り込む、庭の芝をはいで水洗いして干す、窓という窓の網戸をはずして、ベッドに積み上げる。消しゴムのカスを階段の角という角に、押し込む。一段だけじゃないんですよー。毎日「コォォラァー!」って怒ることが増えました。

これはいたずらなのか、遊びなのか、よくわかりません。でもわたしには挑戦的に感じることがあります。

これまではママみてでしたが、ママはあっちへいってて、みないでってことが多くなりました。先輩ママから「やることが高度になってきたでしょ」と言われ、はっとしました。確かに力が強くなったとか、手先がとても繊細になってきたとうかがえるものも。これも成長の証と認めたいけど……。複雑です。

うちのロッタのいたずらはまだまだ続きそうです。

5歳後半

夏休みが終わりましたら、顔つきがますますお姉さんになりました。手足がのび、ポコっと出ていたおなかも少々引っ込みました。

夏のあいだ毎日泳いだからか、がっちりした体格というんでしょうか、ぽっちゃりした感じがまったくなくなってしまいました。

精神的にも成長がみられるように。感謝する気持ちがあらわれるようになりました。子どもらしいありがとうの言葉が聞こえると、こちらもほっとなごみます。今までは興味本意でやっていたお手伝いも本格的にスタート。

朝新聞をポストからとってきたり、カーテンの開け閉め、食卓の準備、後片付け、ゴミ出し、床の拭き掃除、お風呂掃除などなど、毎日ではありませんし、習慣になるのはまだまだ難しいけれど、ひと声かけると助けてくれます。ネコやめだかのえさやり、お世話することもはじまりました。役に立つ。これがうれしい気持ちにつながってすすんでやってくれるようになりました。

ひとつ気になるのは「なぜなぜ？」「どういう意味？」と言う言葉が娘から出てこないこと。

月齢の早い子は4歳からその言葉をよく口にしているのを聞いていました。もうなんでなんでってうるさいのよって友だちが困った顔をしながらもうれしそうにしているのが印象的でした。

そのうちうちの子もってちょっと楽しみにしていたのです。長いあいだ待ちました。娘は1年生の後半くらいから「なぜなぜ」がはじまりました。

6歳の冬。だんだんと写真もおちゃらけたり、決めポーズをとってみたりするようになりました。お気に入りのくまちゃんをおんぶして家族ごっこ中。

逆上がりと自転車、習いごと

ひとつ年上の幼なじみの男の子の影響で、半年ほど前から逆上がりに挑戦しています。すぐにはうまくいかず、鉄棒にぶら下がることが続いていましたが、夏休み中に、アレっていうくらい簡単にすっと回ることができました。ところがこれが不思議なことに何回も続けてできない。一度きり。そしてまた次の日公園で鉄棒をするとまた一回限りですが、逆上がり成功。一日一回りがいまだ続いています。

自転車も幼なじみがあっというまに乗れるようになり娘もその気に。家のまわりが坂道だらけなので、わざわざ自転車公園へ行って練習しました。それでもなかなかうまくいかず、まだ補助つきのままです。というのも公園に行くとほかのお友だちのことが気になって気になって、全然足が動いていない。

こりゃだめだ。娘と親の根気比べになりそうです。

自転車にただ乗れるようにしたいというよりは、乗れることで行動範囲が広がるだろうって思うから。公園へ行くにも、ピアノのおけいこも自転車でスイスイっと行けたら本人も楽しいだろうなって。小学校入学前にはなんとか乗れるといいなぁ。

スイミングはここにきて苦戦。クロールの息継ぎがなかなかうまくいかずに、同じクラスに10カ月ほど在籍。どんどんとお友だちが級をあげていくなかで、娘だけが残っていました。仲良しがいなくなって、少し寂しい気になったのか、それともようやく会得したのか、合格をもらい、つぎのクラスへ。今度は25メートルを泳ぎきったら、くるりとターンをして5メートルほど泳ぎきること。さてテスト合格はいつになりますか。

ピアノは相変わらず練習嫌い。

「練習しないんだったらやめたら」とわたし。「練習は嫌だけど、やめたくない」と娘。毎週ピアノのおけいこの日にかわされるやりとり。

あまりに反抗的なときには楽譜を窓から投げ捨てたこともあります。ひどいよね、わたし。娘は泣きながら楽譜を拾いにいく。

おけいこは楽しい、けれど家での練習は気がすすまない。やめろという母に対しての意地もある。そして少なからず自分が少し弾けるようになってきていることもわかっているから、やめたくないと言うのでしょうか。

幼児教室のこと

年長になったころ、小学校受験を考えはじめました。絶対に私学へという気持ちではありませんでしたが、今住んでいる場所は公立へ行くにも路線バスに乗って通学しなければならず、そんな理由もあってとにかく受けてみるだけ受けてみようということに。

受験準備の大手幼児教室へまず行きましたらこれが想像以上にパワフル。先生が熱血すぎて少々親が引き気味に。

通い始めて2、3回目の授業でしりとりをみんなでする場面があり、娘ははじめてのことにとまどって自分の番がきてもなかなか答えられませんでした。そうしたら授業のあとにわたしが先生からお叱りを受けたのです。

「なぜかのこさんはだまってしまうんでしょうか。もっと家で積極的に物事に取り組ませてください」と。

また違う授業で椅子とりゲームをしました。娘が最後まで残り勝つと、今度は「女子校をご希望でしたら、こういう場面では譲り合うこと、勝ち進むことではないと教えてください」と。

なんだかなー。これは娘のためになることなんだろうかと疑問と不信感がつのり、その教室には通うことをやめました。それでも娘は楽しいからやめたくないというのですから、わからないものです。

その後友人から紹介された個人の先生の教室へ行ってみましたら、もうひと目で先生が好きになり、ここでお世話になろうと決めました。

先生は表情豊かで、身体が大きく、声も教室中に響き、立っているだけで存在感のある方でした。以前舞台にでも立っていたのかなと思ったくらい。だからか、娘も最初から先生に釘付け。

最初からなんでもすぐにできなくていい、少しずつ少しずつ進んで、受験日に間に合えばいいと言ってくださいました。

慣れずに泣いている子も無理させない、できたときにはおおいにほめてもらい、できないときにはできるまで教えてくれる、それでもできないときには家に帰って復習してみる。そんなペースが我が家には合っていました。

「仲間はどれ」
たとえば文具、
乗り物、食べ物など、
カードで仲間を分類する。

幼児教室での「お勉強」

「質問に答える」
住所と名前、電話番号、
お父さんの仕事、
お母さんのおうちでの仕事、
好きな遊び
（カノコの答えは木登り）、
好きなテレビ番組
（相棒）、
お母さんのごはんで好きなもの
（たまごごはんとおみそ汁）、
などなどの質問に答えられるように。

ですから通うのが本当に楽しかった。加えて娘がどんな様子でいろんなことを教わり、覚えたり、答えたりしているのか。

それをずっとそばでみていられたというのも貴重な時間でした。一生懸命歌う姿、先生の指示を聞くときの真剣な顔、目と目を合わせて受け答えをする姿勢、一つひとつに感動して、何度も涙を流しました。ここでも親ばか全開。

受験するというと反対する人も多いし、わたし自身、強い目的意識をもって教室通いをはじめたわけではなかったけれど、このお教室で習ったことは、わたしにとっても娘にとってもよい経験になりました。母親としての姿勢を正していただきました。

どんな体験も子どもにとって無駄なことはないのではと思うのです。本人が嫌がったり、やる気がなければ別ですが、その時間を楽しめたなら、それでよし。

ひとつの目的に家族で向き合えたこともよかったです。

キラキラ好き

キラキラしたものが大好き。靴やバッグだけでなく、タイツまでもラメ入り。おもちゃのアクセサリーも身につけられる限りを指、首、耳、髪、うでにぶらさげています。わたしが小さい頃はこんなキラキラしたものはなかったなぁ。時代ですね。服も最近はホットパンツをご所望。キラキラタイツにブーツ、コーデュロイのホットパンツ、タートルにベストが今一番のお気に入りです。

おしゃれを楽しんでくれるのはうれしいことですが、顔や手足にキズが耐えないことは気になります。せっかくかわいいスカートをはいても、そこから出ている足がキズだらけ、あざだらけ。バランス悪く、大笑い、苦笑いの毎日です。

それから親子でお茶のおけいこや外食のときに着物を着ることが多くなりました。着物と下駄や草履が大好きです。ですから最近は「着物着せてあげる」でつる。おかしな感じになってきました。

5歳の頃のおしゃれ

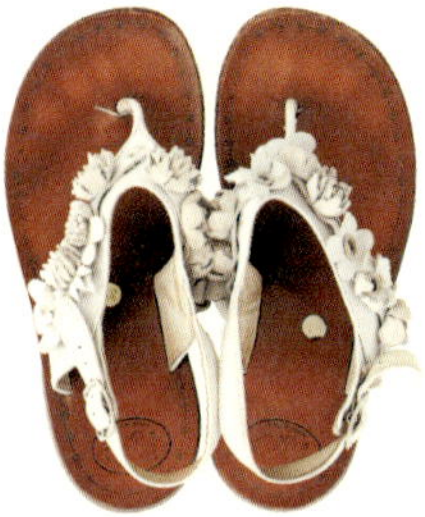

とにかくキラキラが好き。全身光らせるわけにもいかないので、足下だけキラキラに。わたしの子どもの頃はこんな靴はなかったけどな。うらやましくもあります。上二足は鎌倉のクプリオで、下二足はハワイのノードストロームで。

夏のワンピ
花柄や刺繍のあるもの、ふんわりと広がったスカート、丈の長いスカートなど、ぐっと女の子らしい服を好むようになりました。鎌倉のクプリオで購入。

わたしもよくかぶるからか、赤ちゃんの頃から帽子を嫌がることなく、かぶります。夏はストローハットや、つばの広い布の帽子、冬はニット帽やフェルトの帽子をよくかぶります。

帽子大好き

ボンポワン

アニエスb.

冬のワンピ

ニットなので、やや大きめを買い、2シーズン着用。丈が短くなったらジーンズと合わせて着てもかわいい。鎌倉クプリオで。

コンバース

ニューバランス

やっぱり
スニーカーが
基本

ALKA

瞬足

足元は
ブーツで！

すぐに足が大きくなるので、スニーカーは半サイズくらい大きめを買い、中敷きやマジックテープの留め位置で調整しながらできる限り長く履けるようにしています。真冬はブーツも大活躍。大人と同じものを履きたがるようになりました。

歯がぬける

夏の終わりくらいから歯がぐらぐらとゆれはじめ、気になってずっと歯をさわっています。

娘にとってはじめて歯がぬける、一大イベント。家族もはじめてのことにドキドキ、ワクワク。だけれど1カ月たってもぬける様子がありません。のんびりとしているうちに下から大きな歯がニョキニョキと出てきてしまいました。

ならばひと昔前のやり方で糸でくくってぬいてみようとか、手ぬぐいをかぶせてぬこうとか、家族で話すのですが、なかなか行動にうつせません。

歯並びが悪くなるのではという心配も出てきて、一度歯医者に行ってみました。ぬくことは簡単だけれど、もし痛みをともなってしまうといけないから、様子をみてはどうかという診断でした。歯並びも心配ないと。

それでもいつまでたってもぬけず永久歯がのびてくるばかり。

プレゼントでいただいた乳歯ケース。前歯が立て続けにぬけてからは、しばらく抜歯はお休み中。

結局歯医者さんもぬいてしまいましょうということになりました。その時間はほんの5分くらい。あっというまに診察室から出てきたのでこちらがびっくりしてしまったくらいです。まったく痛みがなかったと涼しい顔をしていました。

それでもぬけた歯を大事にポケットにしまって、会う人、会う人に自慢げに歯をみせていましたから、本人は相当うれしかったのでしょうね。そしてより念入りに歯をみがくようになりましたけれど、まだ習慣にはなっていません。

「歯磨きなさい、歯磨いたの？」は毎朝毎晩繰り返されています。

お金のこと

自分専用の貯金箱をおばあちゃんにもらってから、お金に興味が出てきました。買い物をしたり、外食のときの代金を払いたがったり、駄菓子屋さんで自分で買い物をしてみたり。

駄菓子屋さんが娘のお金の先生です。50円玉を渡して、これで買い物をしておいでと言うと、悩んで悩んでレジへ。

計算してもらうと相当お金が足りなくて今度はどれをあきらめるか、それともあらたに50円で買えるものをさがすか。

50円玉一枚でけっこう長い時間遊びながら学んでいます。

1年生準備のテキストにお金のことが書かれていましたが、これぱかりは紙の上でなく、実践に限ります。

駄菓子屋さんで会ったふたりのお兄さんの買い物の仕方がおもしろかったので記しま

す。ふたりとも薄っぺらい紙のようなチョコレートを買うのですが、ひとりは持っているお金全部で買えるだけ買う。

ひとりは1枚ずつ買い、チョコの当たりはずれを確認してから、また買い足す。当たっていたらもう1枚もらって食べる、それを繰り返しておなかが満足したらそこまで。

先行投資か、無駄遣いいっさいなしか、駄菓子ひとつで性格がみえておもしろかったです。

娘の貯金箱現在3つ。娘にお小遣いはまだあげていないので、大人がせっせと小銭をいれています。真ん中が横浜の中華街でおばあちゃんに買ってもらったもの。

テレビと映画

テレビ大好き。テレビがついていたらずっとその前から離れません。最近でいうと、必ずみたいのは日曜日のちびまる子ちゃんとサザエさん、水曜日夜の「相棒」です。それでも曜日と時間が自分のなかでしっかりと組まれているわけではなく、時間になると家族が伝えて、テレビのスイッチを押しています。今日は好きなテレビがあるんだから、後片付け早くしなさい、とか、ピアノの練習すませなさいと言われて、そうだテレビがあったんだって思い出すんでしょうね。そういうことで時計を覚えたり、曜日を覚えてもいいのかなと思います。

NHKの朝の子ども番組は毎日かかさず。それをみたいがために、早起きし、支度をすませ、ごはんをささっとたいらげます。グズグズしているとテレビをみる時間が短くなることをようやく覚えました。

映画も劇場には何度か行きました。「相棒」はもちろん、ディズニーや宮崎作品などなど。

一休さん
夫が懐かしさもあって、娘に買ってきたDVD。わたし世代のアニメです。

旅行中の飛行機のなかではアクション映画や恋愛ものも真剣にみていました。こちらがトイレに誘わないと座席を離れなかったくらいです。

大人向けの作品は娘にとって何がおもしろいのかは不明です。でも断片的なストーリーや登場人物の顔はしっかりと覚えていて、違う場面でみても、あっこれこの前みた映画に出ていたねって。たじたじです。

テレビから学ぶことがたくさんあることも知りました。たとえば昔話。絵本でさんざん読んだり、見たりしているのに、「きこり」がどういうものなのかわかりません。

言葉と絵がつながっていないものがたっくさん。平面の絵よりも動きのある映像のほうが子どもにとっては印象的でわかりやすいのでしょうね。テレビでたくさんの言葉を覚えるようです。

実家の母倒れる

娘が生まれてからずっと実家の母に頼ってきました。ことあるごとに、明日から来てくれるって電話をかけては1カ月くらい、我が家で合宿状態。

わたしが仕事に専念できる時間が持てたのは母のおかげでした。一度来てもらうと、あともう少しあともう少しと滞在を引き延ばし、母がいてくれると思うと、ついつい仕事の量を増やしてしまったり。

あんまりいつもいるものだから母と同居していると思っている方もいたくらいです。長いときは年の半分近く子守りに来てくれていました。

それがここにきて、母は体調を崩して入院。わたしの目の前で倒れました。働かせすぎました。なにしろわたしよりも元気で、朝から散歩に出かけ、娘が幼稚園から帰ってくると一緒になって公園を走り回っていたので、母の年齢をすっかりと忘れてしまっていました。

頼りすぎていて、自分で仕事と子育てのバランスを上手にとれていませんでした。助けてもらっていたのではなく、完全に甘えていました。

倒れてから気がつくなんて本当に情けないけれど、しばらくは母のことに専念。仕事をなんとかやりくりして病院へ毎日通いました。娘もおばあちゃんの身体のことを多少なりとも理解できたのが救い。幼稚園の延長保育で毎日お迎えが一番遅くなっても、がまんして待っていてくれました。

悔やんでも悔やみきれない、ひとりでだってもうじゅうぶんに仕事もすすめられたはずです。大きな代償でした。母には申し訳ないことをしましたが、母は回復しつつあり、娘も成長している。

立ち止まらない、前にすすむしかない、今やるべきこと、仕事を含めていつも通りに生活するのみ。母の命を助けてもらったのだから、わたしはどうすすむべきか。これからです。

卒園式と入学準備

卒園式は大地震の影響で延期され、時間短縮の式ではありましたが、無事卒園しました。そんな状況のなかでの式でしたので、しみじみとこの3年間を振り返ることなどできそうもなく、うれしい気持ち、ほっとした気持ちにもならないまま出かけました。

でもやはり最後の子どもたちの歌を聞いたら、うわぁーと涙があふれてきました。先生の演出もあり、園児全員後ろをむいて両親と向き合う形。あのまっすぐな一生懸命なまなざしはどんな状況であれ、心うつものですね。

入学準備品は娘と一緒に選びました。文房具の形や色、袋ものの布の柄も選びました。幼稚園の準備には相当気をつかい、疲れるほどでしたが、今回は少し慣れたのか、名前つけなどはスイスイと進み、ミシンの作業もびっくりするほど早くすみました。気負いがなかったせいもあるのでしょうね。

いろいろと理想があった幼稚園の準備で打ち砕かれたことがあったからこそ、肩の力がぬけて、準備ができたようです。

ただひとつ頭を悩ませたのは服です。幼稚園は靴下まで決まっている制服でしたので、着るものに迷うことなく、毎日たんたんと洗濯した制服を着せるのみ。自由となると、これがなかなか決められない。毎朝悩みそうだとわたしなりに学校生活にふさわしいものを用意しました。

おさがりのプリーツスカートに、ポロシャツやブラウス、カーディガン、ヨットパーカーという組み合わせを1週間決め、それを繰り返し着るように。そうすると娘も朝の支度で悩むことなく、さっと着替えることができました。

ただ夏前くらいから、ショートパンツがいいとか、ニーソックスをはいてみたいとか、いろいろリクエストが出てきました。

お友だちのファッションをみる余裕ができて、刺激を受けたんでしょうね。

娘のリクエストでキラキラの模様がついた水色のランドセルが届きました。わたしの好みを押し付けていることが多いのをみかねて、母がこっそり娘に聞いていたのでした。

ポロシャツ Tシャツ

ラルフローレンで色違いで購入。

入学祝いにいただいたもの。

アニエスb.と無印良品

襟つきのものを着せると、清潔感があって、不思議と礼儀正しく見えます。多少すそがはみ出してもだらしなく見えません。とは言っても真夏は襟が暑いらしく、Tシャツを着たがります。

スカート
ホットパンツ

おさがりのプリーツスカートと、新しく買い足したホットパンツ。春夏はソックス、真冬はタイツを合わせます。

ボンポワン

Gap Kids

ボンポワン

パーカー
カーディガン

春先から、初夏の頃まではシャツの上にパーカーやカーディガンを着て出かけます。脱ぎ着しやすく、多少ぐちゃぐちゃにランドセルに放り込まれてもいい丈夫な綿ジャージが大活躍。

通販で購入。

靴下
ハイソックス

春と秋、初冬はハイソックス。真夏は足首までのソックス、真冬はタイツを合わせます。

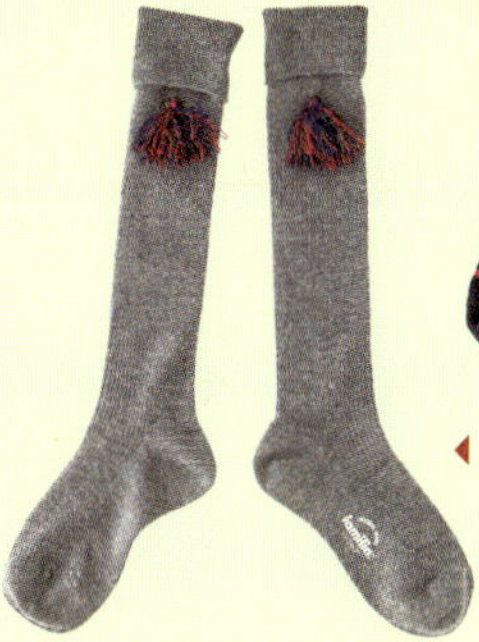

入学祝い
ファミリアのもの

Gap Kids

雨具
雨合羽はランドセルまですっぽりと覆う、長めのポンチョを選択。ノースフェイスで購入。

水陸兼用のサンダル
遠足やキャンプの持ち物としてリクエストがあり、ノースフェイスで購入。

ポケットのない服のときには、ポケットのような小袋を服にピンでつけて、そのなかにハンカチとティッシュをいれて持たせます。

あとがき～いよいよ1年生

入学式も無事終わり、次の日から路線バスに乗って通学がはじまりました。1週間くらいは学校までついていかないといけないだろうと、わたしも準備して出かけましたが、付き添いしたのは我が家だけ。

帰りも迎えに行ったのはわたしだけでしたので、さすがに娘から明日からは絶対に来ないでと言われてしまいましたが、同じバスに乗る1年生8人全員の顔と名前を覚えられたのはよかったことです。

毎日真新しいランドセルを背負ってはりきって出かけ、帰ってくるとお友だちの話で持ち切りとなり、わたしの質問は決まって給食のことであり、慣れない学校でクタクタかと思えばまだまだエネルギーはありあまっていて、公園で飛び回っている。

宿題は後回し、毎日何かしらの忘れ物、学校に帽子、バスに上履き、引き出しのなかに給食の袋が何日分もたまっている、この淡々とした繰り返しの日々のなかで娘は成長していると感じます。

妊娠中はかなり余裕があり、好きなことをして過ごしていましたが、出産とともに生活が一変。子育てには「これがいい、悪い」の答えはありませんから、毎日てんてこまい。大人ふたりの静かな、いやもう好き勝手にやっていた暮らしに、喜んだり、怒ったり、楽しんだり、泣いたり、悲しんだり、一日中こんなにも感情が入れ替わり、わきだすことにも驚きました。

娘が4歳になった頃、まわりのお友達に妹や弟が生まれて、いつわたしのところには赤ちゃんがきてくれるのか楽しみにしていた娘。ごめんね、ママはもう子どもが産めないんだ。人生唯一の後悔。奇跡的にひとりの娘が生まれてきてくれたことに感謝する気持ちを忘れずに、これからまた育児を楽しんでいこうと思います。

飛田和緒

飛田和緒（ひだ・かずを）
料理家。1964年東京生まれ。雑誌、テレビ、書籍において、簡単でやさしい味の家庭料理を提案している。主な著書に『飛田和緒のかぞくごはん』『飛田和緒のかわいいお弁当』（ともに小学館）、『常備菜』（主婦と生活社）、『飛田和緒の　甘くないおやつ』（角川マーケティング）などがある。物選びのセンスにも定評があり、『飛田和緒の10年もの』（主婦と生活社）、『お嬢様の手みやげ』（WAVE出版）などの著書も人気。幼い頃から食べることが大好きで、他人のおなかがいつも気になる性格。本作は、はじめての子育てエッセイ。

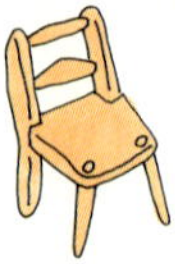

子どものもの　子どものこと

2012年7月24日第1版第1刷発行　定価（本体1,400円＋税）

著　者　飛田和緒
発行者　玉越直人
発行所　WAVE出版
〒102-0074　東京都千代田区九段南4-7-15
TEL　03-3261-3713　FAX　03-3261-3823
振替　00100-7-366376
E-mail　info@wave-publishers.co.jp
http://www.wave-publishers.co.jp/

印刷・製本　萩原印刷

ISBN978-4-87290-575-5